自死は、向き合える

遺族を支える、社会で防ぐ

杉山 春

岩波ブックレット No. 970

まえがき

四年ほど前に、若い友人を自死で亡くした。

知らせを聞いて駆けつけた。彼女は静かに布団に寝かされていた。頭に手を当てると温かさが伝わってきた。それが翌朝には、ハッとするほど冷たくなっていた。

友人が苦しんでいたことは知っていた。一生懸命元気になろうとしていたことも知っていた。彼女が元気になることを疑ってはいなかった。

冷たい感触を手に受けて、命も希望も同時に断絶されたと感じた。

それまで私にとって、自死は記号だった。物語の中で「自死」が出てきたら、それ以上は語るべきことがないというサインだ。

自死について何も知らなかった。

葬儀が終わり、それなりの時間が過ぎ去った後、黒々とした塊が胸に宿り、痛みとなって、私の日常に影響を与えていることに気づいた。小さい出来事に、思いがけず大きく心が揺さぶられた。「悲しみ」と名付けてしまうこともできるが、少し違う感情のようにも思えた。未知の出来事に戸惑った。

一人の自死が起きると親族だけでなく、友人や職場の関係者なども含め、時に、五、六人が強く影響を受けることがわかっている。そんな状態だったのかもしれない。

そんなころ、『世界』編集部の松崎一優さんから、自死に関する原稿の依頼を受けた。一年ほど自死について取材をして、「自死は、向き合える」というタイトルで四回の記事を書いた。

それに加筆・修正してまとめたものが、本ブックレットだ。遺族の皆さんの思い。研究者たちの活動。支援者のうごき。自死に関する共通認識はどのようなものか。取材を通じてわかったことをその都度亡くなった友人に重ねていた。

朝、一人でカラオケに行き、そのまま亡くなった彼女は、追い詰められ、その時、気持ちをそらすことができない視野狭窄に陥り、どれだけ苦しかったか。どれだけ孤独だったか。どれだけ生きたかったか。

取材を通じての自死遺族の方々との出会いは、大きな体験だった。

学んだのは遺族の皆さんが抱える感情の多様さだ。

大切な人を亡くしたことへの悲しみだけではない。強い自責の思い。生活に対する不安。他者から向けられるスティグマ(社会的に否定的な烙印、心理的嫌悪感)の視線への恐怖や恥の気持ち。親族間の気持ちの行き違い。一件の自死の周りに多様な状況が押し寄せ、多様な感情が渦巻く。一般的には持ってはならないとする感情を他者に抱えてしまうこともあり得る。日常的な善悪の規範の中だけに、収まりようもない思い。圧倒されるような悲しみや苦しみや憎しみを抑圧してしまえば、自分ではいられない。

生き延びるために必要なのは、規範による制御ではなく、命の全てを一旦認めた上で、なおも社会の一員としての居場所を保つための支援だろう。

自死とは、人とのつながりを失い、社会という居場所から、死という形でこぼれ落ちてしまう現象だ。

四回の連載をめぐってそのように思考を積み重ねる中で、私の中の黒々とした塊は、徐々に溶けていった。友人をただ、悼むことができるようになった。

改めて命を客観的な社会の中に位置付けることが、悼むことだと思ったのだ。

同時に社会に自死についてもっと知ってほしいと願うようになった。自死は、死因の七~八番目。現代の、人の死の一つの形だ。社会が自死を減らそうという意思をもち、ネグレクトせず向き合い、知恵を提供しあえば、確実に減らすことができる。

自死は、向き合える。

第一章　高額補償が追い込む遺族たち

Mさん（八一歳）は、二〇〇九年一一月に長女のHさんを自死で失った。その後、家主から総計七二〇万円の家賃補償を請求された。心身ともに疲れ切っている最中の出来事だった。

自死者の出た賃貸物件では、次の借り手を見つけにくいという理由で、遺族に賃貸補償や改装費、時にはお祓い料が請求される場合がある。全体の約三割という。裁判事例でも支払い自体は命じられている。病死などの自然死で亡くなった場合には、家賃補償を請求されることはない。国が自死とそうではない死を分けている。それは適切なことなのだろうか。

Hさんは亡くなった時、四六歳、独身だった。一人暮らしのアパートの浴室で、連炭自殺した。発見した警察によると、浴室のドアに「換気してからお入りください」とメモが張られていたという。最後まで周囲に気を配る女性だった。

父親の仕事の関係で、中学高校時代をアメリカの現地の学校で過ごした。帰国後、大学に進み、企業に就職した。その間、両親には日本語で周囲に本音が言えないとしばしば訴えた。生きづらさを抱えていた。

転職して外資系企業に長く勤めたが、買い物依存症による借金問題に苦しんだ。自己破産すると、仕事に不可欠な資格を手放すことになるため、苦しい支払いを続けていた。精神科医には親子の別居を勧められ、少し離れた町で一人で暮らしていた。父親とは頻繁にメールで連絡を取り合っていたが、亡くなる四カ月前には、「死にたい」という言葉も漏らしている。

そんな娘を遠くから見守っていったMさん夫妻は、突然、「すぐ来てください」と書かれた手紙を受け取った。Hさんが住む町の警察に電話をし、夫婦で列車に飛び乗った。だが行き着く前に警察からは「間に合わなかった」と連絡が入った。警察署の遺体安置所で対面した。翌日に検視。三日目に火葬した。母親のMさんが所属する教会の牧師が同席した。

Mさんは、その日のうちに不動産屋から家主の番号を聞いて、迷惑をかけたと詫びの電話を入れた。思いがけず、電話口からは罵倒する声が響いた。

「自殺などされては迷惑だ。これからアパートに人が入らない。その分の家賃を補償してくれ」と言う。悔やみの言葉は一切なかった。

人を頼み、部屋を精一杯きれいに掃除して、汚れていないことを確認し、一二月中に引き渡した。正月明け、夫のMさんは、家主の親族側から呼び出された。家賃補償の件で会いたいと言う。夫が一人で指定された喫茶店に出向くと、家主側は四人で来ていた。補償金額が書かれたメモ紙を渡された。黙って受け取った。

家賃は九万五〇〇〇円。契約が残っている八カ月分プラス二年分を全額。二割引で二年間、五割引で二年間の家賃補償をするようにという。合計六年以上だ。さらに、数日後、Hさんが亡くなっていたユニットバスの交換費用四八万三〇〇〇円。それプラス、アパート全体の床、壁、天井、網戸の張り替え、押し入れの布団棚の付け替え、アコーデオンカーテン、インターホン、キッチンの照明の改装工事代と室内清掃代、全部で四三万六二七五円の請求が来た。敷金三カ月分が引かれ、総計が七二〇万円。練炭自殺なので、ユニットバス本体が傷《いた》んでいるわけではない。居室部分も綺麗だ。夫婦は精神的、身体的に痛みが強く出て、医師を受診した。

破損も、汚れてもいない室内を全面的に改装するのは、「嫌悪感を払拭のため」と賃貸物件内の自死の補償に詳しい和泉貴士弁護士はいう。二〇一一年ごろからこうした事例の調停を担当。時には裁判で争ってきた。その数は三〇～四〇件ほどだ。

「当初、社会に「相場感」がありませんでした。判例では、浴室で亡くなったのに、オールリフォームを前提にした原状回復費用を求められたり、浴室のユニットバスやシステムキッチン、配管を全て取り替えるように求められたり。アパート一棟丸ごと買い取るよう、一〇〇〇万円以上の請求をされた例もありました。ただ最近は、東京地裁では二年分の家賃補償程度に定まってきています」

賃貸物件で自然死では求められない補償金が、自死で発生する根拠は、宅地建物取引業法第四七条だ。住宅を貸す場合、借り手側の判断に重要な影響を及ぼす「重要事項」は事前の通告が義務付けられている。自死や、放火や殺人などの事件は、宅建業法には具体的に記載されていないが、忌避感を呼び起こすとして、現場で「心理的瑕疵《かし》」と名付けられている。

告知すべき重要事項としてはほかに、眺望阻害。オウムや暴力団など、嫌悪団体が近くにいる。石綿工場、ゴミ集積施設があるといった嫌悪環境。奇行癖住民がいるなどの生活不穏。大昔の変死歴物件の迷信。浸水などの自然災害歴などがある。

その上で、住宅の賃借人には民法第四〇〇条にある「善良なる管理者の注意義務＝善管注意義務」がある。善良な管理者として、職業や社会的・経済的地位に応じて、賃貸住宅に対し、一般的に要求される程度の注意を払うよう義務付けられている。つまり、居室をひどく汚したり、壁に大きな穴をあけたりしたら、善管注意義務違反になる。家を引き渡す時に、現状修復の補償金を支払わなければならない。賃貸物件内の自死は、「自らの意思」で死を選んで住宅に次の借り手が忌避するような「心理的瑕疵」を与えた。それは、善管注意義務違反だというのが補償金の発生する根拠なのだ。自死は、善管注意義務違反となる。

賃貸物件内での自死についての判例は、二〇〇〇年代後半から積み上がってきている。

遺族は相続放棄をすれば、補償金を支払う義務はない。ただし、当事者が住宅を借りる時、遺族が連帯責任者になっていれば、支払い義務が生じる。

だが本当に、自死は「自らの意思」による行為なのか。

日本では、一九九八年以来一四年間、自死者が三万人を超えるという状況にあった。これを受けて日本の政府による自死研究は、二〇〇一年に始まった。二〇〇六年に議員立法で自殺対策基本法が制定される。それに伴って、内閣府が管轄する自殺予防総合対策センター（旧センター）が、国立精神・神経医療研究センター精神保健研究所内に作られ、自死の実態研究などを進め、国の自殺予防対策を担った。

翌二〇〇七年には自殺総合対策大綱が作られ、当時、国外の研究で明らかになっていた「自殺は追い込まれた上での死である」との規定が盛り込まれた。

だが自死へのこうした理解は広がらず、司法の上にも、齟齬《そご》が生まれた。和泉弁護士は大隈政一弁護士らと自死遺族支援弁護団を組織し、こうした問題点を訴えてきた。

「国が自死を物件の心理的瑕疵と認め、自死した賃借人の善管注意義務違反を問うことは、自死への忌避感を助長して、偏見や迷信を肯定することになります」

もっとも、自死が「心理的瑕疵」か否かは、現在でも最高裁では争われていない。国は最終的な結論を出していない。

損害賠償を突きつけられた遺族は

突然起きた親族の自死に、遺族は事実に対応するだけで精一杯だろう。そんな最中に、高額の請求が届く。心理的瑕疵などの知識はない。法的根拠があると言われれば、保険金がおりるなどして、手元にお金があれば、すぐに支払ってしまいたくなるかもしれない。だが、その金額は適正なのか。どれほど大きなストレスだろうか。

二〇〇九年に娘のHさんを亡くしたMさん夫妻も、補償の金額の基準はまったくわからなかった。だが、家主の親族から手渡されたメモ紙の数字は計算が合わない。適正なのかという疑問が湧いた。賃貸物件の引き渡しトラブルを扱う、国民生活センターのホットラインに電話をした。そこから、市役所の無料法律相談につながった。

その弁護士は「ユニットバス以外は改装費を負担する必要はない。次の賃借人には二〇％程度は家賃を下げるであろう。その二年間分を支払うように」と言った。合計九八万円だ。この金額を支払いたいと家主に手紙を送った。

だが、一カ月以上、返信がない。Mさんは状況が動かないことが辛かった。グリーフワーク(死別の苦しみに適応していく過程)の支援の団体に通った。さらに、所属する教会の牧師にも支えられた。苦しみを外に伝え、支えを得る力をMさんは持っていた。

早く交渉を終わらせたいと、家主側の返事を待たず、家賃の振込口座に九八万円を振り込んだ。

この頃偶然テレビ番組で、家族が自死をし、賃貸アパートの家主から高額の補償請求を受けて困っているという問題が取り上げられていた。番組内では国立精神・神経医療研究センター内の自殺予防総合対策センター(旧センター)が紹介されていた。早速、連絡を取った。自死の問題に詳しい司法書士を紹介され、さらに、自死遺族支援弁護団の大隈弁護士につながった。以後は、家主側も弁護士を立て、代理人同士の話し合いとなった。途中、家主側は二年間、借り手がつかないと主張したにもかかわらず、実際には人が暮らしていた事実にも遭遇する。

最終的に二年分の家賃補償とユニットバスの改装費用で和解。総額、二七六万三〇〇〇円だった。弁護士からは金額が下がったのだから「交渉に勝った」と言われたが、虚無感、虚脱感は深かった。

もう一人、家賃補償を請求されたSさん(三〇歳)のケースを見てみよう。

Sさんは四年前に母方の叔父の自死を経験した。祖母が早くに他界して、母が叔父を引き取って学校に通わせていた時期がある。年の離れた兄弟のように育った。

叔父は、四三歳のとき、一人暮らしをしていた築四〇年の六畳一間に小さなキッチンと風呂のついたアパートのリビングで縊死した。勤務していた会社の倒産により、半年ほど失業していた。机の上に、数日前に届いた不採用通知がくしゃくしゃに置かれていた。何度目かの不採用だった。Sさんは言う。

「小さなアパートには住んでいましたが、貯金もそれなりにあったので、経済的に行き詰まっていたとは思えない。繊細ですぐに人に譲ってしまう、優しい人でした」

四九日を過ぎた頃、家主の弁護士から連絡書が届き、六万四〇〇〇円の家賃の三年分、二三〇万四〇〇〇円を請求された。法的根拠があると明記されていた。同封されていた家主の手紙には、「(Sさんの叔父の)自殺により生活が激変した。自殺した部屋が目に入るのも、庭にでるのもつらい。夜、電気をつけないと寝られない。アパートの換気をするために居室に一人ではいることもできない」と自死への嫌悪感が吐露されていた。文面に遺族への配慮はなかった。

Sさんは一般社団法人全国自死遺族連絡会の田中幸子さんにつながる。自死遺族支援弁護団の大隈弁護士を教えられた。弁護士同士の協議を経て、補償料は家賃二年分にあたる一三二万円になった。

賃貸業から見た「自死」

自死者が出たアパートは、借り手がつきにくい現実がある。取材当時、日本賃貸住宅管理協会総合研究所研究員として、相談窓口を担当していた日山秀治さんは次のように語った。

「賃貸業の業界は需要と供給のバランスで成り立っています。一般的に賃貸物件を借りる時に、自死があった部屋はちょっと嫌だな、と思って、他に物件があれば、わざわざ借りません。それが心理的瑕疵です。そのことを告知しないと宅建業法違反になるので、問い合わせに対しては、告知するようにと答えています。

ヨーロッパやアメリカではそうしたことは気にしませんが、日本では意識が異なります」

同協会には貸し主、仲介業者、住宅管理業者、借り手側、消費者センター等相談機関など、あらゆるステイクホルダー（利害関係者）が相談に来る。

「具体的な問い合わせには、判例を調べそれに準じて答えています。例えばアパート内で自殺しようとして死に切れず、救急車で病院に運ばれて、そこで亡くなった場合も、心理的な瑕疵はあるという判断です」

地域性は大きい。大都市で人の入れ替わりが激しいところでは、自死があったことはすぐに忘れられる。ところが地方では、五〇年たっても記憶は残る。

「物件ごとに事情があり、風評被害に対する補償の期間も異なります。

他に国民生活センター、不動産流通推進センター、不動産適正取引推進機構などが相談に乗っています。しかしどこでも、自死と告知義務の問題には頭を痛めていると思います」

日山さんは、六年前まで三五年間、大手賃貸会社の社員として賃貸物件の管理に携わった。自死で家賃補償の問題がでてきたのは、二〇〇〇年代の初期からだと言う。

戦後からバブル期までは、人口は増え、都市への流入が続いた。住宅の供給が足りず、賃貸価格は契約更新のたびに上がった。

日山さんの感覚では、自死をした賃貸物件に忌避感が生まれるのは七〇年代半ばごろだという。高度経済成長が終わり、激しい人口移動が終焉に向かうころだ。

九〇年代、景気低迷と少子高齢化のなかで、賃貸物件が供給過剰になる。このころから、自死問題が散見するようになった。

「私たちの会社では、全国で二〇万件の物件を管理して、自殺は年間二、三件でした。ご遺族には支払い能力を考えながらご相談し、あとは営業リスクとして吸収してきました。ごきょうだいに引き続き住んでもらい、その後、他の物件と同じように賃貸に出すこともありました」

ファミリータイプの賃貸物件では、家族がそのまま住み続ければ、混乱はない。

つまり、単身者の賃貸物件内の自死は、現代的な課題なのだ。ちなみに一九八九年には七八六万六〇〇〇世帯だった単独世帯は、二〇一四年には一三六六万二〇〇〇世帯と急増している。

補償問題が起きるのは、大手のように営業リスクに吸収できない、一〇戸程度のアパートを経営している個人事業主だ。

「一度そうしたことが起きると、他の賃借人も出て行ってしまい、事業が続けられなくなることもある。大変なことです」

と日山さんは話す。

かつては、それぞれの事情を話し合い、補償金額を決めることもあった。だが、今は、相続放棄が増えている。そうなると個人事業主は、どこからも補償を得られない。

個人事業主を対象に、賃貸物件内の孤独死や自死を対象にした保険も生まれている。

アイアル少額短期保険株式会社は、二〇一一年に家主向けに、「無縁社会のお守り」という自死や孤独死に対応する保険を作った。

一戸当たり月に三〇〇円を支払うと、孤独死や自死があった場合、その後の空室、あるいは値下げの家賃補償として一二カ月まで最大二〇〇万円、事故後の原状回復として一〇〇万円を補償する。同社代表取締役社長の安藤克行さんは言う。

「不動産関係者にヒアリングをし、孤独死や自殺は今後の高齢化社会のリスクだとの声が集まり、商品開発に着手しました。大手損保などでも、火災保険の特約として同じような内容の商品を用意するところが出始めました」

「告知義務」と「知る権利」

「自死者が出た家」への関心が、小さなブームになることがある。少し前、深夜のバラエティ番組で、お笑い芸人たちが「事故物件」に住むことができるかといったテーマで語り合っていた。専門家という男性が、事故物件にならないように工夫して建てたというアパートを訪れ、解説する。この男性、大島てるさんは事故物件のサイトを運営している。一日に数十万ビュー。サイトを訪れる人の中には住宅関連業者もいるが、一般人が圧倒的に多い。

「自殺者が出ても家主と遺族が話し合って、情報を表に出さないこともある。でも、裁判例を見てもわかるように、告知義務があるわけです。新婚だから気分良く住みたいという消費者の気持ちは尊重されるべきだと思います。ネット上の情報を消してくれという苦情も多いのですが、誤報でなければ載せ続けています」

　現在、一二年前の事例が一番古い。

　サイトのメリットについて、前出の日山さんは次のように言う。

「正規の価格で都内に住めない人たちには、有効なサイトです。他方、適切な対応をし、本来なら風評被害が治まっているはずなのに、ネットでいつまでも掲載され続けてしまうという問題点があります」

　サイトの存在は、自死への社会のマイナスイメージを定着させる可能性があるのではないか。大島さんの自死についての認識を聞いてみた。「アパートの中で自分の意思で死ぬなんて、大家さんなどには大迷惑です。もちろん宗教上、罪とされています」

　政府の自殺対策大綱の「追い詰められた死」との考え方は持たないという。

　だが、自死者が死の直前までどのような状況にあるのかは、現在では国際的にだけでなく、国内的にもわかっている。自死を「追い詰められた死」とするのは、十分な根拠があることだ（第三章参照）。

　国立研究開発法人精神保健研究所国立精神・神経医療研究センター薬物依存研究部部長の松本俊彦さんは、二〇一四年まで、同センター内の自殺予防総合対策センターの副センター長を務めていた。自死者の姿について次のように語る。

「ほとんどの自死者が亡くなる直前まで生きたいという願いを持っています。しかし、直面している困難に解決策がないことに絶望している。最後までほかの解決策を探しながら、答えが見つからず、苦しみを抜けだす最後の手段として、意識活動を止めるしかない、という思いを刻一刻と強めていくのです」

宗教界を見れば、浄土真宗本願寺教学伝統センターは二〇〇〇年代半ばに経典を精査、「釈尊は自殺について価値判断はしていなかった」という結論を出した。日本カトリック司教団は二〇〇一年に「いのちへのまなざし」という冊子(カトリック中央協議会)で、「わたしたちは自殺したかたがたの上に、神のあわれみが豊かに注がれるであろうことを信じます。(中略)自殺者に対して、冷たく、裁き手として振る舞い、差別を助長してきました。今その事実を認め、わたしたちは深く反省します」と書いている。ほとんどのプロテスタント教会も、自死を罪には定めない。

私には、大島さんのような認識は、自死に対する研究成果や科学的客観的な理解が、専門家の間にのみ共有され、社会に広がっていないことの現れのように感じられる。

自死は長い間、正面から語られなかった。そのタブーがあることさえ、言葉にされてこなかったのではないか。だが、社会のあり方が変わるなかで、なおもあいまいにし続けることで、新たな差別が生まれかねない。

賃貸物件内の自死者への家賃補償問題は、そんな現実を映し出している。

自死のタブーやスティグマから私たちの社会がどのように抜け出していけるのか、今、大きく問われている。

第二章　自死遺族が「人」としていられる場所

スティグマやタブーが自死者にあるとすれば、そのもっと身近な場所で、それを受けるのは自死遺族だ。

「戦ってきたのは「支援者」に対してでした。蔑《さげす》まれて悔しかったから。私を蔑むことは息子を蔑むことです。許せなかった」

小柄な身体。グレーのショートカットの髪。繰り出されるのは強い言葉だ。そこにかすかな青森の訛りが混ざり、雰囲気を和らげる。一般社団法人全国自死遺族連絡会の代表を務める田中幸子さんだ。宮城県仙台市で税理士事務所を経営する夫と、会社員の次男と暮らす。自死遺族として名前と顔を出し、自宅の住所や携帯電話を公表してきた。三六五日二四時間、自死遺族らから相談の電話が入る。取れなければナンバーディスプレイや携帯に残された番号に掛け直す。地元で主催する「藍の会」では月に一度、自死遺族の分かち合いの会を開く。

「三〇〇〇人ほどの遺族の名前、相談内容、その後の動きが頭の中にある。昔、スナックの雇われママをやっていたことがあって、店長に毎日お客さんの名前を覚えているかと訓練されたの。それが役立っている。昔は爪が真っ赤だったのよ」

とおどけた笑顔になった。分かち合いの会では、自分が編んだセーターなどを着て、華美になららないように気をくばる。精神的・経済的に、追い詰められ、おしゃれどころではない人もいるからだ。

同会は「自死遺族による自死遺族のためのネットワーク」として、二〇〇八年一月に発足した。現在、会員数約二九〇〇人。会員相互の交流、自死遺族が運営する自助グループ活動の情報交換、自死や自死遺族に関する情報発信、関連機関との情報交流、自死予防活動などを目的にする。

「私を嫌う人は少なくないですが、不思議とそういう人にも、話しにきてほしいと呼ばれます」

確かに自死問題に関わる支援者や研究者、精神科医などから「田中さんの言うことがすべてとは思いません」「田中さんとは違う遺族もいます」と何度か聞いた。しかし、自死遺族の立場から語る言葉はぶれない。全国自死遺族連絡会のメンバーで、都内や神奈川県下で自死遺族の会を主宰する山口昇さん（川崎市在住）は言う。

「田中さんは単に個人的な経験を語っているのではないのです。自死遺族には自責感があるので繰り返し考える。そういう想いが田中さんのところに集まってくる。そのうえで、自身の経験と感情などを冷静に分析して言葉にできる人です。社会の差別・偏見とうまく距離をとりながら、自身をさらし、自死について語れる人は、私は他に知りません」

田中さんは、月に一度は、弁護士、司法書士らと自死遺族権利擁護研究会を開催し、第一章で詳述した賃貸物件内の自死に伴う損害賠償問題をはじめ、自死に関わる差別問題を協議している。二〇一五年には、仙台市をはじめとする地域の弁護士、司法書士、精神科医、産業カウンセラー、税理士、中小企業診断士、僧侶、牧師など、四〇名あまりの専門家をつなぐ、「みやぎの萩ネットワーク」を立ち上げた。相談が飛び込んだ時、適切な専門家が対応できる体制づくりだ。こちらも月に一度の会議を開き、「顔の見える関係」を大切にする。

自死遺族からの相談には「後追いはさせない」という決意で向き合う。

「最近も、母親が自死をして、今、お父さんが後を追って飛び降りると言っているという女性から電話がありました。お父さんに抱きついて、〝私と一緒に生きて〟と叫びなさいと伝えました。そうすればお父さんはハッとして、我に返ります」

近年の研究で、自死者は直前まで生きたいという思いと、死んで苦しみから楽になりたいという思いとの間を揺れ動くことがわかってきた。追い詰められて視野が狭くなり、他の解決法が見えなくなる。この瞬時の助言は、この研究結果に適《かな》っている。

自死への差別に対峙する

田中さんの長男健一さんは、警察官だった。二〇〇五年一一月に三四歳で亡くなった。その半年前、要人警護の部署から異動になり、交通課係長に抜擢された。

一カ月後、管轄地域で高校生の列に車が飛び込み、三人が亡くなるという大事故が起きた。それを一人で担当した。取り調べや調書を書くのに慣れていない。休みを取らずに長時間働いた。だが、上司は人員を補充せず、それどころか、言葉によるパワーハラスメントがあった。

「頭も体もクタクタのときに上司が耳元で、お前は鬱《うつ》だろうとささやき続けたと聞いています。人は過労だけでは自死しません。言葉で死ぬんです。息子には生真面目で融通がきかないところがあって、ノーと言えなかった」

そんな中で不眠が続くようになった。上司の言葉に怯え、過度に自分を責め、わずかなミスをいつまでも気にした。やがて体が動かなくなり、出勤がどうにもつらい日が出てきた。田中さんは健一さんに精神科治療を勧めた。一〇月に医師の診断を基に、自宅療養に入った。

「あのころは、精神薬について何も知らなくて、強ければ強いほど効くと思っていました。強い薬を大量に飲ませました」

だが、官舎には上司家族が住む。交番も近い。健一さんは家にこもって出歩かなかった。妻は専業主婦で、三歳半の娘がいた。病気のため寝てばかりいて家族に関心を示さない健一さんを妻は罵った。やがて、子どもを連れて実家に帰った。死後、健一さんの携帯には妻から届いた、厳しい言葉が並ぶメールが残っていた。

「優しい子で、反論しなかった。人にノーと言わなかった。言えれば死なずに済んだと思う」

この頃、田中さんは一度官舎を訪ねている。インターホンを鳴らしても出ない。裏に回って家の中を見ると、物陰に隠れていて、様子がおかしい。さらに呼び続けると、家から飛び出して、走り去った。しばらく待ったが戻ってこない。翌日、パートの仕事もあるので、家に帰った。

数日後、健一さんの妻が用事のため官舎を訪ねた。その直前、田中さんの元に健一さんから妻の帰宅を喜ぶメールが届く。妻は、数時間の滞在で帰った。しかも、この時大量服薬を恐れて、処方されていた精神薬を全て持ち帰った。強い抗鬱剤が断薬されて、どれ程苦しかったかと田中さんは言う。

誰もが欝や自死について知識がなかった。その後三日間、メールも含め健一さんからの連絡が途絶えた。死を予感した妻が警察に届けて、遺体が発見された。

田中さんには、駆けつけて見た顔の表情、抱きしめた時の冷たさが心に刻まれている。自分の血を息子の体に注ぎ込んだら、生き返るのではないかと思えてならなかった。息子はどれほど泣いたのか、涙の塩分でメガネが真っ白だった。失禁がなかったのは、三日間飲まず食わずだったからだと知らされた。

健一さんが亡くなったと思われる日、田中さんは眠れなかった。満月が家の奥まで差し込み、異様に美しかった。今も、月が美しい夜は息苦しい。

喪主は健一さんの妻が務めた。田中さんの家族には、自死を隠さなければいけないという思いはなかった。通夜には、当時税務署長だった夫や、健一さんの仕事関係者も来ていたが、夫は「自ら命を絶った大バカ野郎です」と話した。親族は何も言わなかった。

葬儀の間、田中さんは幾度も卒倒した。横から夫と次男が支えた。

健一さんの妻と娘を一旦自宅に引き取った。妻が選んだ仏壇の代金は田中さん夫妻が支払った。保険金が下りたので新しい住まいを探すため、妻とマンションを見に行った。ところが妻は、一旦実家に帰ると、お骨も仏壇もいらないと言ってきた。ハガキを出すと「受け取り拒否」と書かれた付箋が貼られて返ってくる。「ハガキがいらないなら捨てればいい。わざわざ返すなんて」と田中さんは今でも悔しさを隠さない。

息子の妻が息子を捨てたことが許せなかった。孫娘の写真、健一さんの結婚式の写真など、すべて捨てた。それでも心が治まらなかった。毎日、柳刃庖丁を研いだ。殺意すらあった。

殺人者にならないために

その一方で、自分を責める気持ちも強かった。教員志望だった健一さんが公立大学の受験に失敗した時、夫は浪人を許さなかった。そのころ、夫と不仲で別居を考えていた。スナックで働いて貯めたお金があったが、息子の私立大学進学や、浪人のために使いたくなかった。夫と話し合うことも嫌だった。そして、健一さんに警察への就職を勧めた。自分自身のためでもあった。

息子の死をきっかけに、夫との関係はさらに悪化した。殴り合い、罵り合う夫婦に次男が「お兄ちゃんが見ているから」と止めに入った。

田中さんは二度、後追いをしようとしている。だが、次男がいる以上、自死するわけにはいかない。生きるにはどうすればいいのか。カウンセリングを受け、精神科医に通い、何人もの占い師に占ってもらった。今では、この時教えられた呪いの人形を作って、親族との争いで苦しむ遺族に渡すこともある。それで気がすむなら、殺人よりはずっとましだ。

毎日図書館に通い、山ほど本を読んだ。一日中お経をあげていたこともある。仏壇も精魂込めて磨いた。

四カ月後、仙台市内で自死予防に関わるシンポジウムがあり、出かけた。壇上には、政府関係の研究者、グリーフケアの専門家や、自死遺族支援を行う民間団体などが並んでいた。質問の時間、田中さんは自分の胸の内を聞いて欲しくて座席から声を発した。

「でも、誰も私のもとに降りてきてくれませんでした」

自殺予防を目的とする人たちの話は、修羅の中にいた田中さんの思いとは別次元だった。息子の妻への殺意が消えない。もちろん、人殺しがいけないことだと十分にわかっている。それでも、激しい憎しみはそこにある。苦しくて仕方がなかった。わかったような言葉を告げられると体中に痛みが走る。自分の存在が消えてしまう。

悩み抜いていた時、ある僧侶がかけてくれた言葉がストンと胸に落ちた。「息子さんはあなたを選んできてくれたのです。だから、お仏壇も位牌もあなたのところにあるのです」

「人を生かすも殺すも言葉だ」と思った。

同じ思いの遺族に会いたい。そこで話を聞いてもらえばいいのだ。そう思った。

「藍の会を立ち上げたのは殺人者にならないためでした」

県内の民間の自死予防団体に「自死遺族のための自死遺族の会」を立ち上げたいと書いたファックスを送った。折り返し講演会の案内が送られてきた。添えられていた手紙には、あなたにはこの文書は難しいかもしれない、と書かれていた。

「あっ、こんな文章も理解できない人だと思われているのだと思いました。自死遺族は力がないとバカにされ、差別される存在なのだと初めて意識しました」

弱さに体が痛む時、他者の蔑みが

当時、自殺対策基本法（二〇〇六年）と、それに続く自殺総合対策大綱（二〇〇七年）が作られていた。宮城県でも民間団体を呼び、キャンペーンを張ることになった。そこに参加して自死遺族の会を立ち上げたいと発言すれば、マスコミで紹介してもらえるだろう。そう田中さんは考えた。ビラ配りを手伝い、記事にしてもらった。それを見た遺族の女性と知り合う。父親を自死で亡くした人で、大学病院の研究員だった。その女性がホームページを立ち上げた。

県の担当部署に自分たちの会の紹介をすると、職員に、遺族にホームページが作れるのかと驚かれた。

「死んでいく者たちや家族は弱い、知識のない人たちだ」

そういう視線に繰り返し心の傷を負った。

そんな時、自死遺族支援のワークショップに参加した。自殺予防でよく知られた複数の団体が講師を派遣していた。そのプログラムのひとつにペアを作り「悲嘆体験」を聞き合うというものがあった。周囲では、多くの人がペットの死や夫の転勤で引っ越す時の悲しみを語っていた。田中さんは自死遺族だと断って、健一さんの死について語ろうとした。すると相手の女性は辛くて聞けないと遮る。同じワークショップに三回参加したが、皆、話を聞こうとはしなかった。

自死遺族支援の研修だというのに、茶番に思えた。訓練内容を改善して欲しいと申し入れたが、主催者側は自分たちは自死遺族を支援する人たちのための訓練であって、自死遺族そのものの訓練ではないと言って断った。訓練する側が自死のリアリティを知らなかった。しかも、遺族を尊重する気持ちもなく自死遺族支援を語る。そのことが、二次被害を生み出す危険を強く感じた。

身近な者の自死によって押し寄せる感情、出来事は、時に社会規範の中に収まらない。うかつに表出すれば、あってはならないものとされ、断罪され、辱めを受ける。だが、厳然とその感情も出来事もそこにある。それでもなお、社会の中に着地できる支援が必要だ。そのノウハウを支援者が持っているように思えなかった。

支援団体とは一線を画して活動をすることを決断した。

＊

二〇一五年一一月、私は藍の会の分かち合いの後の、クールダウンにお邪魔した。会そのものは自死遺族以外、参加できない決まりだ。

仙台駅のそばの会議室で、十数名の男女がお菓子を食べながら和やかに雑談していた。

三九歳になる女性、Iさんは新幹線で他県から通っている。初めて藍の会に参加したのは、八年前、夫が自死して数カ月後だった。

「最初は地元の自治体の自死遺族の分かち合いに行ったんです。でも、後ろで保健師さんが私が話したことをメモする。一番辛い夫の家族とのことはとても話せなくて。でもここでは、夫の家族の悪口も平気で言えます」

Iさんの夫が亡くなったのは、一緒に暮らし始めて一年半後、結婚して半年後だった。夫の自死の原因は、職場のハラスメントと過労だとIさんは思っている。だが、夫の両親は金目当てで結婚したIさんが殺したと言い続けた。通夜や葬儀の場所も時間も伝えられなかった。その後五年間、毎年のように夫の両親がIさんを殺人罪で告訴した。そのたびに警察の取り調べを受け、不起訴になる。身も心もボロボロで、実家でほとんど寝たきりのように過ごした。

「主人の亡くなり方に恨みはないです。でも、主人の家族のことでは本当に辛かった。私、お棺には木刀を入れてくれって家族に話しているんです。夫に再会したら、家族のことでは殴らせろ、って言いたい。そんな話を藍の会でするとプッと笑ってくれる。そういう感じが好きです」

最近、Iさんはようやくアルバイトができるようになった。田中さんによれば、この日のIさんはこれまでで一番表情がいいという。

「私に痛みがあるから話が聞ける。一方的に話を聞くわけではないんです。相互扶助です。そうして、会を終えるときにはどんなに泣いた人でも、机と椅子は片付ける。役割があることが大事なんです」

ここは「当たり前の人としていられる場所」だ。

モノ言う遺族になる

田中さんの活動は、遺族同士が話を聞き合うというだけではない。差別的な扱いには、対応策を考え、その所管に要望書をだしてきた。ルールの中で、社会を変える試みだ。

県警で遺体が粗末に扱われたという遺族の訴えを受けると、警察庁に、全国の警察で自死者を丁寧に扱うよう求める要望書を出した。地域で遺体の検視料に大きなばらつきがあると知ると、検察庁に質問状を出した。賃貸物件の中での自死による、補償金に悩む人から相談が入れば、対応できる弁護士や司法書士を探し、連絡を取った。さらに、国土交通省に問題の解決の要望書をだした。

マスコミに対しては、「自死」を使って欲しいという要望書を出してきた。田中さんは「自殺」という言葉には、自らを殺すという意味があり、「命を粗末にした」「勝手に死んだ」というイメージがあるという。このような遺族の意向を受けて、島根県、鳥取県、宮城県、仙台市では公文書で「自死」を使う。

ちなみに、本ブックレットでは、基本的に「自殺」ではなく「自死」を使った。私自身が若い友人を亡くし、「自殺」ではなく「自死」という柔らかい言葉を好むからだ。

田中さんは、ある寺が自死者の戒名に自殺を意味する「自戒」の文字を入れたと知った時には、その本山にそうした指導をしているのかと問い合わせた。僧侶の個人的な判断だとわかると、直接連絡を取り「自戒」の文字をとるよう交渉した。僧侶は「自戒」の字をとったものの、再度戒名を付けるためのお金を取った。

さまざまな自死に関する情報とその対応が田中さんの元に届くのだ。

内閣府の自殺対策官民連携協働会議委員に名を連ねたのも、粘り強い活動の結果だ。二〇〇七年に作られた自殺総合対策大綱では、自死対策として自死遺族の苦痛を和らげることがテーマとして上がっていた。だが、委員に自死遺族支援団体の関係者は入っていたが、自死遺族団体の人が入っていない。唯一の全国組織である自分たちを入れてほしいと六年間訴え続けた。委員になる要件を問い合わせ、著作があること、大学での講義実績があることなどを聞き出すと、遺族の声を集めた本を作り、つてを頼って、大学での講演を実現させた。

こうした活動を助ける人たちもでてくる。

聖学院大学教授で精神科医として、自死遺族の悲嘆援助研究をしていた故平山正実氏は、自死遺族自身で「差別禁止法の制定」を目指したらどうか、と励ました。これが、弁護士らと続けている、自死遺族権利擁護研究会につながっている。

東京都、富山県と静岡県で自死遺族分かち合いの会を運営している鈴木愛子さんも、差別と闘う一人だ。夫の死後、高校と大学で英語教師をして子どもたちを育てあげたという、おしゃれで物腰の柔らかい女性だ。

鈴木さんが夫を亡くしたのは、取材当時から二一年前になる。公害訴訟で名前の知られた弁護士だった。列車に飛び込んだと警察から連絡を受けて駆けつけた。駐車場の隅で警官がブルーシートをもち上げ、裸で転がされている姿を見せられた。ぶつかっただけで、外傷はなかった。せめて柔らかな布団の上で寝かせてあげたい。そう切実に思った。

夫の話を始めると、たちまち涙が頬を伝う。それを拭おうとはせず、静かに話し続ける。

「悲しいのは亡き人への愛情があるからでしょう。生きていても死んでいても、思いを消すことはできないもの。それなのに国の基準では、愛する人を喪って一年以上悲しむと、病気とされ治療の対象となるんですって。遷延性複雑性悲嘆というラベリングをして自死遺族を見るの。心の奥の深い悲しみは医学の治療になじむのかしら」

鈴木さん夫妻は仲睦まじかった。地方都市の緑の多い戸建てに住み、長女は大学受験を目指し、次女は中学の卒業式を控えていた。鈴木さんは次女の謝恩会担当のＰＴＡ役員だった。そんな中、夫に難病の診断が下った。運動神経が障害され、やがて動けなくなる進行性の病だ。苦しむ夫に、忙しさの中で思わず「今、先を悩んだって仕方がないじゃない」と言葉を掛けた。翌日、夫が亡くなった。青天の霹靂《へきれき》だった。

鈴木さんは前日に夫に掛けた言葉を今でも悔やむ。夫の死は自分のせいかもしれないとも思い続けている。

夫の自死が新聞で報じられ、その直後から周囲の目が変わった。

犬の散歩に出ると「奥さん、看病が嫌だったのか」「奥さん、生命保険、たくさん入っていたんだろう」と声をかけてくる人がいる。「寂しかろう、慰めたろうか」と囁《ささや》く初老の男もいた。隣家に庭木の枝の処理をお願いに行くと、「気の強い奥さんだから旦那が自殺する」と陰口を言われた。

「気がつかないふりをして身をかわすしかなかった。それが弱者の知恵ね」

「自死」は弱さの発露とされる。「強くなければ生きられない」と恐怖する者が、自分自身を確認するために、より弱い者を貶《おとし》める。その心のシステムが自死者とその家族を容赦なく襲うのだ。

鈴木さんは周囲の助けを得て、教師の仕事に就き、子どもたちを育て上げた。それ自体が戦いだった。

さらに自死遺族として、四つの分かち合いの会の運営に関わる。二〇一六年五月に東京都内で開かれた『第七回国際自殺予防学会アジア・太平洋地域大会』では英語で発表し、日本社会で自死遺族が受ける二次被害と「自助グループ」と「支援グループ」の相違点について語った。

加害性を示す「殺」の文字を使った「自殺」ではなく、「自死」という言葉に変えて欲しいと全国自死遺族連絡会が訴えてきたことも伝えた。

当事者が国際学会で声を出すことは画期的だと高い評価を受け、同学会機関誌に発表が英文で掲載されることが決まった。さらに鈴木さんの元に、この発表を知ったアメリカの研究者や作家からメールが届き、交流が始まった。今、アメリカでも自死をめぐる言葉遣いに議論が起きているという。commit suicide（自殺を犯す）は commit crime（罪を犯す）のような表記で、犯罪性に通じるとして、complete suicide（自殺を完遂する）あるいは、do suicide（自殺をする）といった言い回しに変えるようにと訴える動きがあるのだそうだ。「自殺」ではなく「自死」という訴えには普遍性がある。

正直なところ自死について知識がないと、自死遺族が語る「差別」が理解できない場合がある。例えば「死にたい気持ちに寄り添って」という自死予防の標語に差別的なニュアンスがあって問題だといわれても、説明を受けなければわからなかった。前出の田中さんは次のように言う。

「死にたい人を何とかしなければという差別です。でも、死にたいから死ぬのではない。苦しくて、追い詰められて、逃げ道がなくて死ぬんです。

支援者には、技術を身につけるより、あの人になら相談したいと思える人になってほしい。……私は、そんなふうにうるさく言うから嫌われるのよ（笑）」

自死遺族だけが自死者やその遺族の気持ちを理解できるという姿勢は体験至上主義だ、特殊性を強調しすぎる、という批判はある。だが田中さんは決して公的支援の場を潰して欲しいとは願っていない。ただ、自死遺族から学んでほしいと言うのだ。

自死遺族自身もまた、大切な人を亡くす直前まで、自死差別など知らなかった。だからその直後から、自分自身が自分自身を差別する。それは塗炭の苦しみだ。自死遺族がリアリティに直面できなければ加害者になる。

田中さん自身もまた、学び続けてきた。

かつて不仲だった夫は、今、悲しみを抱えた者同士として田中さんの活動を陰で支える。いつ、どこに出かけて行くときでも、気をつけて行ってこいと送り出し、経済的にサポートする。

「お互いを認め合えるようになったのは、子どもの死という悲しい体験からの学びによります」

田中さんは二〇一六年夏、部落解放・人権研究所の夏期講座で講師を務めた。この時、ＬＧＢＴなどの性的マイノリティーや顔にあざのある人たちの話を聞いた。

「こういう差別があることを私は知らなかった。人は、差別を受けると、声を上げられない。問題解決のための窓口があることも知らずに死んでいく。自死予防のキャンペーンは、追い詰められた人に自死という方法があることを伝えてしまう。むしろ、粛々と差別をなくし、窓口を作ることのほうが予防になるのではないでしょうか」

田中さんは、優しすぎてノーと言えずに亡くなった健一さんを誇りに思うと言う。そして、今なら助けられる。そう、語った。

第三章　自死を科学する国になれるか

一九九八年、自死者数が前年の二万四三九一人から三万二八六三人に急増し、その後一四年間、三万人を超えて推移した(警察庁の統計)。これを受けて、二〇〇一年、はじめて日本で自死対策にまとまった予算がついた。つまり国が自死に取り組んだのは、二一世紀に入ってからのことだ。二〇〇二年一二月の調査では自死対策に取り組んでいる都道府県・政令指定都市は一〇カ所に満たなかった。

本格的に自死対策が動き出すのは、二〇〇〇年代前半に、民間団体のNPO法人自殺対策支援センターライフリンクが自死予防を社会に訴え、メディアが動き出してからだ。二〇〇六年に自殺対策基本法が議員立法で成立・施行された。これに伴って内閣府の管轄で、国立精神・神経医療研究センター内に自殺予防総合対策センター(旧センター)が設立された。翌〇七年六月、自殺総合対策大綱が閣議決定される。

二〇〇九年、地域自殺対策緊急強化交付金が、初年度一〇〇億円の補正予算が組まれて始まった。二〇一五年からは地域自殺対策強化交付金に名称を変えたが、各自治体はそれぞれ独自の自死対策を行ってきた。

二〇一四年の調査では、都道府県・政令指定都市のすべて、さらに調査に回答した市区町村の八九・四％までが何らかの自死対策事業を実施していた。

この年まで同センターで副センター長を務めてきた前出の松本俊彦さんは、「自殺対策基本法ができて、一番変わったことは「自殺」という言葉を公に出せるようになったことです」と語る。自殺対策基本法が施行されて間もなく、松本さんは自死ハイリスク地域の行政から講演を依頼された。担当者からはタイトルに「自殺」という言葉を入れないようにと要請があった。四〇〇人定員のホールを用意したが、事前予約では一〇〇人の応募しかなかったと、担当者からあらかじめ詫びが入った。ところが、蓋を開けてみたら会場は満員だった。住所・氏名を明記しなければならない事前申し込みはハードルが高かった。だが、周囲に自死者が出ているハイリスク地域だけに、感心は高かったのだ。

現在は、講演タイトルに「自殺」を出さないようにと依頼されることはないそうだ。

前章で紹介した全国自死遺族連絡会が公的な場で自分たちの言葉で自死差別解消を訴えるようになったのも法施行の後だ。

自殺対策基本法が制定されて一一年。自死者は二〇一六年の調査で約二万一四〇〇人にまで減った。

二〇一六年四月には自殺対策基本法が改正され、これに伴い、自殺対策事業の管轄が内閣府から厚生労働省に移った。同時に、自殺予防総合対策センター（旧センター）は改組されて、自殺総合対策推進センター（新センター）と名前を変えた。

何が変わるのか。

移管を前に二〇一五年六月二日の参議院厚生労働委員会で、「自殺対策を推進する議員の会」(会長尾辻秀久議員)の副会長、武見敬三議員は次のような発言をした。

「政府側のシンクタンク機能として本来重要な役割を期待されていたのは、国立精神・神経医療研究センターの自殺予防総合対策センター(旧センター)であります。しかしながら、このセンター、極めて精神医学的な立場からの御研究というものがやはり中心であった。(中略)自殺予防の政策論として組み立てようとするときには、(中略)より広い社会科学的な手法を駆使した形で、(中略)自殺の動向分析を的確に(中略)行われなければならないんでありますが、(中略)(センターは)精神医学研究中心のアプローチの中で、実は我々が期待したほどはなかなかやっていただけなかった」

この日、業務の「抜本的に見直し」と「民学協働型の「自殺対策研究センター(仮称)」として組織を改変すること」が提言され、新センターの設置が決まった。

二〇一六年八月、東京都小平市にある国立精神・神経医療研究センター精神保健研究所内の自殺総合対策推進センター(新センター)を訪ねた。本橋豊センター長は「私自身は地域の自殺対策を推進するセンターが新設されたという意識です」と抱負を語った。旧センターが一〇年以上かけて導き出した研究成果が今後の基盤になるわけではない。

これまでの自死対策には、自治体ごとにばらつきがあったとして、都道府県と政令指定都市に地域自殺対策推進センターが作られ、市区町村レベルで自死対策が推進される。住民のゲートキーパーを養成し、鬱や悩みを抱えている人たちをいち早く見つけて、専門家につなげる。新センターは、警察データや人口動態など既存の統計からその地域の自死者の性別、年齢、職業、動機を導き出し、自殺予防上のプロファイルデータを伝え、対策をアドバイスする。「人間ドックの結果票のようなものですね」と本橋さんはイメージを告げた。

法改正に伴い、二〇一七年七月現在、自殺総合対策大綱が見直されつつある。

旧センターの自殺予防とは

それでは旧センターはどのような研究を行ってきたのだろう。二〇一四年度まで旧センターのセンター長を務めた竹島正さんに話を聞いた。現在は、川崎市健康福祉局障害保健福祉部担当部長(精神保健)・精神保健福祉センター長の任にある。

「国が初めて自殺対策研究にまとまった予算をつけた二〇〇一年、国立精神・神経医療研究センター精神保健研究所室長の三宅由子さんが、世界の直近一〇年間の自殺の疫学研究をレビューし、日本の自殺の実態把握の方法論として、心理学的剖検《ぼうけん》が「自殺の詳細な疫学研究には不可欠」だと言及しました」

さらに二〇〇七年の自殺総合対策大綱には「社会的要因を含む自殺の原因・背景、自殺に至る経過、自殺直前の心理状態を多角的に把握し、自殺予防のための介入ポイントなどを明確化するため、いわゆる心理学的剖検の手法を用いた遺族等に対する面接調査等を継続的に実施する」と記された。世界の自死研究の潮流となっていた心理学的剖検の実施が大綱に明記されたのは、北井暁子精神保健研究所所長(当時)の決断があった。

公衆衛生の精神保健が専門の竹島さん自身、自殺予防研究に、調査を実施するのに相当な手間のかかる、心理学的剖検が取り上げられることに「エッ？ という意識はあった」という。「結果的にはこの取り組みがよかったと思いますが」

心理学的剖検とはどのようなものか。

「剖検」は、死因を解明するために死体を解剖して検査することを言う。法医学であれば事件や事故の理由を探る。病理学では病死の原因を探る。これを心理学的に行うのが、心理学的剖検(psychological autopsy)。遺族との面接などを通じて、死亡直前までの故人の行動や精神状態を明らかにし、事故死か自死かを探ろうとするものだ。一九五〇年代にアメリカの自殺学の権威、シュナイドマン(一九一八〜)らが名付けた。これが自死の実態解明の力になることがわかってきた。

その後、フィンランドでは一九八七、八八年に、一〇〇〇人の共同研究者による国家プロジェクトとして、国内の自死者の九六％にあたる一三九七人に対し、その遺族や死の直前に接触した医療関係者への面接調査を行った。その結果、自死者の九三％が決行直前に何らかの精神障害に該当する状態にあったことがわかった。この調査の後、同国では自死者を三〇％減らした。

九〇年代以降、各国で心理学的剖検が行われている。そこでも自死者の八〇〜九〇％に鬱病やアルコール、薬物依存などの精神障害があることが明らかになった。なお日本の心理学的剖検でも、決行直前の約九割に精神障害のような症状があることがわかっている。竹島さんは言う。

「自殺は死因の一〇位以内。特別な死ではありません。他の死と同じようにきちんと研究をして予防に生かす必要がある。その研究の核になる人がまず、心理学的剖検を通じて、自殺を学ばなければならなかった。ゼロからのスタートで、時間がかかりました」

当時、自死を語ることに今以上のタブー感があった。その中で、遺族に話を聞く取り組みは段階を追って注意深く行われた。法施行の前年、二〇〇五年に実現可能性の調査を行った。二地域五人の遺族への面接を行い、可能だという結論を出した。質問票は北京大学が開発したものを日本語に翻訳して使った。以後数年間、文言を選びなおし、項目数を変更し、改訂を繰り返した。

二〇〇七年には一一地域二八事例のパイロット研究が行われた。前出の松本俊彦さんが、心理学的剖検に参加し、事例分析に関わったのはこの年からだ。この時、年齢、性別、地域が一致する人を住民基本台帳から選び、協力を得られた人のその家族に同じ質問票で話を聞く、対照群調査を始めた。

「自殺に対する研究で完全な手法はありません。心理学的剖検の他に、①警察庁などの統計を使う全数統計、②未遂者を対象にした調査、③コホート調査（一定数の住民を対象に一定期間追跡調査を行い、要因と疾病発生の関連を調べる手法）がありますが、それぞれ欠点があります。コホート調査が最も有効ですが、自殺者は一〇万人に二〇人程度。コホート調査を成立させるのは、一〇〇万人規模の住民調査が必要で、現実的ではありません」と松本さん。

心理学的剖検にも欠点がある。家族が知らない事実があるかもしれない。家族自身が虐待した場合もある。得られた知見が実態に即しているとは言い切れない。

「何が自死に関係したかを知るために、生存者の対照群調査を行いました。国際的な論文は今、対照群がなければ受け取ってもらえません」

調査には精神科医と、保健師もしくは心理職が二人一組で行くが、あらかじめ研修を受ける。遺族宅を訪ねる際の服装、トイレを済ませておくこと、最初に焼香を申し出て弔意を示すなど、細かい対応を検討した。そして国立精神・神経医療研究センター内で倫理審査を受け、その承認を得て実施することになった。さらにその後、倫理的妥当性を評価する外部評価委員会を作った。構成員は自死遺族団体やグリーフケア支援団体、複雑性悲嘆（喪失感や悲しみが深く、心身に長期に強い影響が出る状態）に関する研究者らだった。

全国規模の調査に進もうとして、困難が生じた。遺族に出会えないのだ。各自治体の精神保健福祉センター長が集まる会議で協力を求めたが、個々の自治体で起きる自死は多くない。しかも自治体が遺族を把握できるのは、遺族支援を行っている場合のみ。当事者が亡くなった時期はバラバラだ。それならばと全国の精神科のある医療機関から遺族の紹介を受ける可能性を探ったが、さらに難しかった。一つの医療機関が自死事例に触れるのは数年に一度。しかもその場合、医療機関と遺族との関係が良好とは限らない。

最終的に、東京都医療監察医務院（以下監察医務院）と連携した。東京都内二三区で起きた不審死や自死は、必ず監察医務院で検案を受ける。連携づくりには注意深い配慮を必要とした。当初、竹島さんは三年間、毎月一度検案に同行させてもらった。監察医と補助者の車に同乗して現地に向かい、仕事の邪魔にならないように見学し、遺体の検案の過程を理解する。遺族の姿にも触れる。どの時点であれば協力を求める声をかけられるか検討した。監察医務院と話し合いをしつつ、協力依頼文を練り、その依頼文を入れた封筒は封をして渡し、不用意に内容に接することがないようにした。

同時に遺族支援の仕組みも考えた。話を聞いた相手の困難を放置するわけにはいかない。必要に応じて他機関や自死問題に詳しい弁護士につないだ。

「我々は調査が自死遺族を傷つけるのではと危惧しました。調査は四九日が過ぎてからがよいと言われていましたが、数日後に連絡をしてくる人がいました。急性期にどう考えていいかわからない。話を聞いてほしいというのです。なぜ死んだのか知りたいと積極的な方もいました。自殺予防のための聞き取りと遺族支援は別のものだと思っていたのですが、必ずしもそうではない。それに、遺族の方たちも、将来の自殺予防を願っている。きちんと配慮をすれば十分に協力を得られることがわかりました」(竹島さん)

単身者の自死、遺族が自死だと認めない事例以外、監察医務院が扱う自死の全ての検案で協力依頼できるようになったのは二〇一四〜一五年頃だ。そのうちの三%の遺族が協力した。システム実現に一〇年かかった。この体験は竹島さん個人にも大きく影響した。

「私は公衆衛生の精神保健の専門家として、他職種との連携を考える立場ですが、監察医務院や警察が自殺にどう対応するかを知り、統計ではわからない発見がありました。何より信頼関係が必要でした。地域の人たちと一緒に自殺対策を考えていくことの大切さを学びました」

心理学的剖検から浮かぶ自死者の姿

松本さんはセンターが行った約一二〇例の心理学的剖検のうち、約三分の一の聞き取りに携わった。監察医務院の監察医たちとは、クローズドの勉強会も行った。そこでは警察情報もわかる。

「死ぬ日の朝、早朝覚醒をして遺書を書いている。ところが警察情報では、その後、コンビニに切れかかっているシャンプーを買いに行っている。最後まで気持ちは揺れているんですね。一人暮らしの人が、亡くなる前に糖尿病の薬をもらいに病院に行っている。進行性の神経疾患を持つ人は、決行の直前まで自助グループのサイトと自殺の手段を教えるサイトを交互に見ていた。以前からリストカットをしていた女性のＬＩＮＥを見ると、別人格が出てきて解離性の障害を発症している最中に亡くなっていたことがわかった。縊死で亡くなった女性の体にいくつものためらい傷があると監察医に教えられました。迷いに迷った挙げ句の死です」

自死を決行するまでのプロセスが、監察医と精神科医の視点を突き合わせることでリアルに浮かび上がる。

「つくづく、覚悟の自殺は少ないと思いました。警察統計などの自殺の理由は、調査項目数が少なく、実行に至る具体的なプロセスはわかりません」

親の抱えた苦しさにも触れる。

「精神科通院中のある若い患者の母親は、娘さんの状態が悪化したというので、クリニックに予約を入れようとする。ところがなかなか予約が取れない。その間に娘さんの自殺念慮が高まって、お母さんはずっと見張っているんですね。ところがふっと目を離したすきにお子さんは線路まで走って行って飛び込んでしまう。お母さんはお子さんを救おうとして一緒に飛び込んだ。お子さんは列車に轢《ひ》かれてしまうけれど、お母さんは上りと下りの線路の間に立ち止まった。上り列車と下り列車がすれ違う。監察医との研究会ではそんな映像を見る機会もありました。お母さんはその時の記憶は飛んでいます。でも、徐々に記憶が戻ってきた時に話を聞いてほしいと言ってきました」

心理学的剖検に参加して、自死者の内面を追うことは二次被害を負うような苦しさがあったと松本さんは率直に語った。

「遺書を読ませていただき、直前のＬＩＮＥのやり取りを見る。元気だった時の写真と亡くなった後の監察医に見せてもらう写真を見比べる。毎回、死とは何かと考えさせられました。その体験ががむしゃらに自殺対策を進める原動力でした」

精神科医が自死を知っているわけではないことにも気づいた。

「警察や法医学者を除くと、職業的に精神科医はかなりの頻度で自殺に遭遇していると思います。担当患者が自殺をした時、遺族の中には四九日を過ぎて診察室に挨拶に来てくれる人もいるんですね。でも、僕ら精神科医はお悔やみを言うのがせいぜいです。実は気持ちは硬直している。責められるのではないかと感じたり、正直訴訟リスクも頭をよぎる。医者自身が、患者が亡くなったことに傷ついている。本当はなぜ助けられなかったのか、遺族と一緒に検証してもよかったのですが、それは精神的にあまりにもきつくてなかなかできない。だから、精神科医は自殺を学ぶ機会を逃してしまう」

事実と正面から向き合うことは、当事者を悼むことでもある。

「臨床現場で自殺を学びそこねている精神科医に、自殺について伝えたいという気持ちになりました。自殺者のなかには、直前まで治療を受けていた人も少なくないんです。死にたいと言われた時に、その言葉がなぜ出てきたのか。言葉の奥にまで入り込むことが必要です。僕は精神科医になって二三年目(取材当時)ですが、これまで自殺のリスク評価について誰からも教えられていません」

自死の直前まで追い詰められた人たちは、医師の思い通りにはならない。挑戦的態度で医師を苦しめる。当事者の気持ちを松本さんは次のように説明する。

「強い絶望と無力感の中にいるんですね。一刻一刻、この苦しみから抜け出す最後の手段は意識活動を止めるしかないという思いを少しずつ強めている。自死を止めようとする援助者は、自分が楽になることを止める敵に見える。自分の気持ちが周囲にもれることを恐れる。でも助かりたい気持ちもあって、どこかで知ってほしい気持ちもある。そのひねくれた気持ちが支援者に対する挑戦的な態度として出てくるんです。患者さん自身が自分自身へのダメ出しを繰り返し、健康でしなやかな思考ができなくなります。そうした当事者の気持ちが理解できない時、医師は陰性感情(嫌悪、怒り、憎しみ、不信感など否定的な感情)を抱きます」

自死に関する研究は国際規模で進んでいる。松本さんによれば、その仕組みは次のようなものだ。

本能的、原初的に人に自死を思いとどまらせるのは、死への恐怖心や自分の体を傷つけることへの抵抗感だ。自殺願望が行動に結びつくのは、恐怖心や抵抗感が低下するためだ。そのように一種の自殺の準備状態に入ることを「獲得された自殺潜在能力」と言う。さらに自殺願望は「所属感の減弱」と「負担感の知覚」によって生まれる。自殺の潜在能力が高まっている時に、所属感が失われ、誰かの負担になっていると思うことが重なると、決行に至る。

「対応が難しい患者を、多くの医者は診《み》たがらない。受け入れる医者は優しいのだけれど、忙しい。じっくり話を聞くことができない。医者は治したいと思って投薬する、それが、最後、処方薬の過量服薬になり決行の背中を押す。多くの精神科医が困難なケースを引き受けるようになれば、自殺者は減ると思います」

また、こんな風にも言う。

「泥酔してはしょっちゅう救命救急センターに担ぎ込まれてくるアルコール依存症患者がいます。地域でも有名な困った人です。医者はその患者に、二度と来るなと怒鳴りつけ、追い返す。そうすると、ただでさえ孤立しているその患者は、酩酊したまま踏切に飛び込んだりする。酩酊しているせいで、死に対する恐怖心が低下しているので、しらふではできないこともできてしまうんです。ここからわかるのは、酩酊患者に医者は憎まれ口を言ってはいけないということです。できれば酔いを覚まして病院から帰したほうがいい。些細なことですが、そういう気付きを援助者で共有できるだけでも、多少は自殺者は減ると思うのです」

介入ポイントは人生のずっと手前にある

こうした知識は、精神科医だけでなく、ソーシャルワーカー、臨床心理士、司法書士、弁護士など自死支援に携わる人たちにも伝えたいと松本さんは言う。

「支援者に必要なことは、ジャッジではなく、アセスメントをすることです。自殺はいけないとか、善悪の価値判断でジャッジすると、困っている人は追い詰められ、ＳＯＳが出せなくなる。何に困っているか、どんな風に困っているかをきちんと捉えて、どうするかを考えるのが支援です。そうしたことは、困窮者支援をする人たちは知っています」

とはいえ、医療者の役割は大きい。

「民間団体の中には精神科の医者なんかいらない。自分たちがやるという人たちもいます。でも、ほとんどが決行の直前に精神を病んでいる以上、困難な事例は医者が引き受けなければなりません。そうでなければ支援者は安心して働けない。専門家につなごうというキャンペーンがあっても、専門家が力をつけなければ、人を助けることはできません」

もっと社会に知られた方がいい事実も明らかになった。

「今、スクールカウンセラーの評価の指標が不登校の児童生徒を学校に戻すことになっています。しかし、自死者の中には不登校経験者で学校に戻っている例が多い。つまり、学校に戻っても生きづらさは変わらなかったのかもしれない」

学校に戻せばその生徒は幸せか、再考が必要だ。

「高齢者の自殺の理由は体の痛みです。慢性リウマチや腰痛症でさえリスクになる。高齢者が自由に動けなくなると、人に迷惑をかけると気にやむ。役割がなくなって痛みに襲われると一気に生きていく意味を失います」

痛みを訴えた時には、注意深くありたい。また、成人の痛みには意味がある。

「原因がわからない疼痛性障害の患者は、たらい回しにされて、最後は精神科に来る。ところが治療に乗らない。そういう人の成育歴を見ると、不遇な家庭で育ち、そこから抜け出すためにかくありたいという高い望みを持っていた。だがその望みがかなわない。この痛みさえなければ頑張れるのだが、と言いながら生きていく。そんなときには、医者はその物語に付き合って、あなたにはひどい痛みがあると、請け合う役割を担う必要があるんです」

痛みを権威ある他者に認めてもらうことで、自分を許すことできる。

精神科医療の制度設計を変えることも視野に入る。

「薬を出すと儲かる体制ではなく、心理士を雇い、医者も十分に患者の話を聞いても、ビジネスとして成り立つような制度設計が必要です」

声高な「自殺予防」のキャンペーンには危険性がある。苦しむ人たちに自死という逃れ方を教えてしまうのだ。

「自殺」「自死」は苦しみの末の到達点だ。自死防止の介入ポイントは、人生のずっと手前にある。児童虐待対策は遠い未来に向けた自死予防活動だ。借金問題とアルコール依存症に苦しんで亡くなった中高年男性に幼い時の虐待体験がある。地域の育児支援、学校でのいじめ防止、職場の過重労働やハラスメントの禁止、酒害相談なども自死対策となる。心理学的剖検は、社会的にぎりぎりまで追い詰められた人たちの、そのわかりにくい心の動きを知る手段になる。

二〇一二年の大綱見直しでは、研究成果を基に集団ごとの対策ポイントを書き込むことができた。若年者の心の傷が生涯に及ぶこと。若年雇用を取り巻く社会状況の変化を踏まえた総合支援の必要。女性は出産・更年期の心の健康を保つことの大切さ。高齢者は痛みへの配慮や生きがいづくりの必要などだ。前出の竹島さんは言う。

「国外の論文を踏まえた大綱づくりではなく、国内の実態に即した政策が必要です。自殺は社会の動きとともにその姿を変化させます。研究には「モニター」の役割もありました。こうした研究が国立精神・神経医療研究センター内で行われることで信頼性、公平性、客観性、中立性、透明性が担保できました」

松本さんは、国の自死政策の核になる人は、自殺のリアルを知らなければならないと語る。

「いくらデータを解析しても、当事者の生身の痛みを知らなければ、現場の支援者を鼓舞することはできない。生身の痛みを知って初めて自殺の統計などの客観的なデータが意味を持つ。これらは自殺対策の両輪だと思います。ナショナルセンターだからこそ発信力があるのです」

旧センターの心理学的剖検について、二〇一五年度障害者対策総合研究事業中間・事後評価委員会（精神障害分野）では、行政的評価、学術的評価、それぞれ同じ分野の二一課題のなかでトップクラスの評価を得た。「自殺の実態を科学的な統計手法を用いて検証した貴重な研究」「若年層や女性の危険因子を明らかにした」「今後の戦略への手がかりとなる成果が得られている」とコメントされている。改善点は「行政への具体的な提言・提案が欲しい」などだ。旧センターは、国際的な評価を得て、WHO（世界保健機関）の自殺対策の四つめの協力機関として認定されていた。

自殺対応の内閣府から厚生労働省への移管に伴って、心理学的剖検を使った研究は二〇一六年年五月で停止した。自死には社会の関心が乏しい。それだけに心理学的剖検の価値はわかりにくい。「自殺対策を推進する議員の会」の議員たちは、どこまで研究の意味を理解していたのか。

もっとも一〇年間かけて蓄積された研究成果は、自治体職員や精神科医療者向けの研修や助言を通じて現場に播《ま》かれている。そうした地域の活動がどのような状況にあるのか、第四章でお伝えしたい。

第四章　耳を傾け、「生きる」を選ばせる社会へ

「相談員の仕事を引き受けた時、救命救急センターから紹介を受けた自殺未遂者を支援機関につなげるというイメージでした。ところが実際には出会う未遂者の半数は、以前から既に精神科医療にはつながっている。ヘルパーの支援が入っている人もいる。相談員の仕事は支援者に対しても心を開くことができない当事者と、いかに信頼関係を築くかという難しさがあるのだとわかりました。自殺の背景には社会的な要因があり、公衆衛生として俯瞰《ふかん》的に考える必要がありますが、実際の支援は極めて個別的な関わりです」

二〇一三年から大津市で「いのちをつなぐ相談員」として、自死未遂者支援に当たる奥田由子さん（臨床心理士・精神保健福祉士）は言う。市内の六つの救急病院に搬送された自死の未遂者のなかから希望者の紹介を受け、その後を支援する。

奥田さんは専任の嘱託職員として週に四日この事業に携わる。他に地元をよく知るベテラン看護師が週に二日勤務。さらに、同市保健所で精神保健を担当する四人の保健師も協働し、関係機関と連携することで、未遂者支援を地域全体に広めていくことを想定している。三年一〇カ月で七四人の自死未遂者に関わった。

滋賀県の県庁所在地である大津市の人口は約三四万二〇〇〇人。琵琶湖の西南から南に細長く

位置する古都で、隣接する京都市のベッドタウンでもある。同市保健所の精神保健担当の保健師、池田守紀栄《まきえ》さんは次のように説明する。

「以前から、救命救急センターに運び込まれた未遂者は精神的に追い込まれていて、支援が必要だと感じていました。でもマンパワーもノウハウもありませんでした。平成二五(二〇一三)年に大津市が国の地域自殺対策緊急強化交付金を受け、専門の職員を配置して未遂者支援に取り組むことになりました」

二〇一五年一〇月まで自殺予防総合対策センター(旧センター)に勤務していた稲垣正俊さん(現岡山大学病院勤務)は次のように言う。

「自殺を確実に減らせる、エビデンスレベルで高い効果を示した研究はありません。自殺は、さまざまな困難が積み重なった結果です。一人の自殺の背後には、子ども時代の虐待、欝、恋人問題、結婚後の嫁姑問題、子育て、介護、会社のパワハラなど、一〇種類以上もの介入ポイントがあるかもしれない。自殺予防全体では介入ポイントは一〇も二〇もある。一つを徹底的に解消しても自殺全体のごく一部を減らすことにしかなりません。

二〇〇六年に自殺対策基本法ができ、翌年大綱が決定したとき、エビデンスの示された対策がなかったため自治体、研究者は何をすればいいかわからなかった。効果があるものをやるか、やりやすいものをやるか。自治体は試行錯誤しました。

研究によって唯一介入に効果があるとわかったのは、救命救急センターに運ばれた患者に対して精神科医などが精神障害の見立てや、生活に必要な支援のマネジメントを六カ月続けた場合です。ただし、それでもいくつかの制約があり、長期間の抑止効果は認められません」

この研究では、ケースマネージャーの育成が不可欠だとされている。奥田さんはまさに現場でその役割を担っている。

大津市は二〇一三年、「いのちをつなぐ相談員派遣事業」をモデル事業として立ち上げるに当たり、県内の複数の病院で長年、心理・福祉職として働いてきた奥田さんに声をかけた。奥田さんは言う。

「未遂者は自己否定感、他者不信が強く、支援を求める力が弱い。連絡が取れない人ほどハイリスクで放っておくわけにはいかない。介入が必要です。それはマンパワーが限られる一般の医療にはむずかしいところです」

これまで紹介してきたように、自死者のほとんどが、亡くなる直前まで生と死の間で揺れている。生きたいという願いを持つ一方、直面する困難には解決策がないことに絶望している。しかし簡単には絶望できず、最後まで解決策を探して揺れ動く。心理的な視野狭窄に陥り、九割までが精神疾患の状況にあるという。

人は本能的、原始的に死を恐れる。自死の決行には、本能的な死への恐怖心が下がった「一種の準備状態」が必要だ。この状態を「獲得された自殺の潜在能力」という。一方、自殺願望は所属感の弱まりと人の負担になっていると感じることが重なると生まれる。自殺の潜在能力と自殺願望が重なった時、自死が起きる。

自死が苦痛からの唯一の離脱方法だと思い込む者には、精神科の医療者はしばしば苦痛から逃れることを邪魔する者に見える。さらに医療現場は、治療する側と受ける側に上下関係が生まれやすい。絶望している自死企図者は、そうした力関係に敏感だ。命じられてもどうにもならない苦しみがあれば、従うことは不可能だ。自殺企図は誰にも知られたくない「恥」だ。そんな中、自死を決行して生き延びた未遂者は、どれほど複雑な心の状態にあるのか。もっとも未遂直後は、危機介入のチャンスでもある。奥田さんはそうした人たちの深部につながり、信頼関係を作り育て、社会につなげる。「いのちをつなぐ相談員」はそのノウハウを作りつつある。

具体的には支援は次のように進む。

連携している市内の救急病院のスタッフが自損で救急搬送された人に、治療後、事業紹介のリーフレットを手渡す。そこには「わたしたちはあなたの命を大切にしたいと思っています。どうか一人で悩まないでください」と書かれ、さらに次のように続く。「もしかしたら、あなたは「生きることに疲れてしまった……」「どこかへ消えてしまいたい……」「自分がいない方が、まわりが楽になれる……」。そんなふうに思っていませんか？」

複数の未遂者が「いいこと書いてあるな」とつぶやいて見入ったという。生還後、真っ先に手に取る文章は、奥田さんが自死予防の専門家として練り上げた。さらっと書かれているが、自死予防のための世界的な研究成果と自分自身の経験を踏まえ、言葉を選び抜き、記されている。

未遂者やその家族がこの事業を利用したいと望むと、病院から保健所に連絡が入る。そのベッドサイドに、初回は必ず相談員と保健師が二人一組で訪ねて行く。

会ってくれたことにお礼を伝えながら、初回面接用紙を差し出す。そこには、軽く生活状況を尋ねたり、今回のことをどう思うかを問うたりする項目がある。

「ツールがあった方が関係を作りやすいんです。上から順番に書いてきて、手が止まったところで話題が作れる」

この用紙には命が助かったことについて、「助かってよかったと思う」「死ねなくて残念だった」「どちらともいえない」と尋ねる項目がある。助かってよかったと答える人は二割程度だ。再企図して亡くなった人は「死ねなくて残念」に○をする人は、むしろ自分の思いをストレートに表現できる人だ。「死ねなくて残念」でなく、「どちらともいえない」に○をつけていた。

心の内を伝えてもらうことは、どれだけ重要なことか。

未遂者のなかには、救命病院のスタッフには支援を受けると伝えても、実際に奥田さんたちが出向いた時、会うことを拒む人もいる。感情の揺れは、あってはならないことではない。むしろ、感情の揺れを語ってくれるのは嬉しいことだと共感の思いを伝える。矛盾していると注意したり、相手の考えを変えようと説得したりはしない。意見や助言は関係を損なうことになりがちだ。

自分の感情を自分自身で否定する時、人は孤立するのではないだろうか。当事者にとって、自死企図は誰にも知られてはならない「恥」の部分だ。奥田さんたちはその人の抱えるその最も深い「恥」の部分に触れ、肯定して社会につなげる。

退院後は、当事者が面接予約時間に来なければ、相談員から電話を掛ける。慢性的に自死念慮を抱える人は自ら支援を求める力が弱いからだ。一般の病院では、そこを踏み込んで支援をするマンパワーがない。「いのちをつなぐ相談員」の強みは精一杯当事者に寄り添えることだ。

いつまでも連絡がつかず、安否確認に出向くと、室内に自死の道具が置かれていたことがあった。「片付けましょうか?」と声を掛けたが、断られた。その人に関われる他の機関を掘り起こし、連携をとり、入院を説得して、付き添った。面会に行き、家族との再会も作り出した。退院後、本人自ら保健所に電話をかけてきたとき、本当に嬉しかったと、奥田さんは言った。

理不尽な不満をぶつけられることもある。

「土日は連絡がつかないと文句を言われます。そういう時には謝ります。「ごめんね、でも、平日はいる。もしいなかったら、必ず折り返し連絡します」と伝えます。「そういう不満をいってくれるのが、あなたのいいところです」と伝えます。それも本心です。こちらから連絡を繰り返してつながりを作らなければならない人たちに比べ、気持ちを語ってくれる人たちは本当に助かります」

そう思うのは、再企図で完遂をされた苦い経験があるからだ。つながらない関係をもう少し見守るのか、何とかつなごうと工夫するのか、相手の心情をおもんぱかって迷う。一人ひとりへの関わりが丁寧な手探りの積み重ねであるだけに、その死はこの上もなく辛い。だからこそ関わりを振り返り、今後の支援に生かしたい。それが亡くなった人の声なき声を聴くことだと奥田さんは考える。

「依存的で周囲を振りまわし、関係者から敬遠されがちな患者さんでも、それを「援助を求める力」として肯定することで、支援者に対し安心感をもてれば、むしろ必要以上に頼ってこなくなります。自分から安定した関係を作る努力を始めます」

家族との関係づくりも重要だ。未遂者の心のあり方を家族は知らない。繰り返しの自死企図に疲れ果てている場合がある。生きづらさの背景に発達障害があるにもかかわらず、家族が特性を理解できず、怒りを募らせていることもある。そうなると、本人は所属感を失い、周囲に負担をかけていると感じ、自死企図の可能性が高まる。

本人と家族の関係が悪化する悪循環をくいとめ、緊張を緩めるためには、まず、自死企図に衝撃を受けた家族をねぎらう。家族が否定的感情を感じても無理のないことだと語りかける。家族向けリーフレットにも目を通してもらう。じっくり話を聞く。その上で、本人の安定が共通の願いであることを確認し、本人を肯定的に捉えられるような視点を示す。

当事者に関わる機関が、理解できない言動に偏見や不安を増殖させ、一方で当事者も不信感を募らせる場合もある。そんな時は、個別の説明や、一堂に会した会議で、互いの溝を埋める調整役を務める。

支援者自身も、関わりの中で、当事者にマイナス感情を抱く場合がある。その時は自分の感情に気づき、気持ちを整理しておくことが大切だ。燃え尽きを避けるために、周囲からの「支援者への支援」も必要である。

支援の終了は、はっきりとはしないことが未遂者支援の特徴だ。面談に来ることを忘れたり、本人から何かあったら連絡をしますと言われたりしながら自然に遠ざかる。そんな時は、こちらから季節や年度の変わり目にさりげなく時候の挨拶の電話を入れる。安全を確認しながら、ゆっくりと終了になる。

「質の良いおせっかいが必要です。質の悪いおせっかいはダメ。その微妙な違いを自らに問いかけ続け、感覚を研ぎ澄ませることが大事です。試行錯誤しかないですけど……。どうしたら、ほんの少しでも楽に生きられるようになるかを一緒に考えていきたい。未遂者と出会っていると、今、死なないでいるだけでも人は大きな努力をしているのだと教えられる」

奥田さんは、この職人芸のような未遂者の心情理解や繊細な対応法を精神科長期入院患者の退院支援で学んだ。日本は精神科の病床数が諸外国に比べ数倍多く、平均在院日数が長いことで知られる。先進諸国は一九六〇年代に、長期入院によって主体性を奪われるとして、地域ケア中心の精神科医療に仕組みを切り替えた。だが、この時期の日本は高度成長期にあり、政府は家族単位の福祉政策をとり、産業労働者を確保するため、家族の重荷になる精神障害者を病院に収容する政策をとった。その結果、地域でメンタルヘルスを診るノウハウや人材作りが遅れた。

日本政府はＯＥＣＤ（経済協力開発機構）諸国のなかで飛び抜けて高い精神科病院の平均在院日数を下げるため、「入院医療中心から地域生活中心へ」の改革を求められている。奥田さんは滋賀県下のある精神科病院の長期入院者退院促進事業に五年間携わったことがある。

「私自身、当初はこうした人たちは慢性化し、アプローチが難しいと思っていました。ところが実際は病棟では混乱していても、一緒に出かける時には、私に配慮をしてくれる。むしろ純粋で優しい。入院環境を離れると健康な面が見えてくると知りました」

患者の中に、家族から受け入れを拒否され、退院の見通しが立たない三〇代の女性患者がいた。彼女は家族に受け入れられないつらさを、自分を迎えに来てくれる恋人がいるという切ない妄想でバランスを取っていた。

「彼女は突然、病院を飛び出していなくなってしまう。それは困るので、黙って出て行かないでほしい。その代わり、行きたいところに私が付き合うからと約束をしました。おはぎを食べるデートをするという時には一緒におはぎを買って、何度でも公園のベンチで恋人を待ちました。別の日に恋人の家を訪ねたいという時には、一緒に出かけ、彼女が彼の自宅と信じる家を訪ねる様子を見守りました。彼女はインターホンを押して、その家の人と話をして戻って来ると、「違う人の家でした。おかしいな……」と言いつつ、それからは彼の家を探すことをやめ、実の家族と向き合えるようになって、関係が改善していきました」

その人が語る物語を否定しない。そして、その人の希望や意欲を持てる場所に行きつけるよう、おせっかいをする。彼女は安全を守られつつ、自分の考えで動き、現実にぶつかり、修正し、視野を広げ、さらに次の一歩を踏み出せる。世界や他者、そして自分への信頼を取り戻すのだ。

支援者にはこの上もない忍耐が必要かもしれない。しかし、このような物語に寄り添っていくことで彼女が示す成長は、支援者にとっても心からの喜びだ。

メンタルヘルス、あるいは精神障害とは何か。

前出の精神科医の稲垣正俊さんによれば、精神障害の一番大きな診断基準は著しい精神的苦痛があって、その他の障害がその症状のために起きていることだという。精神科医療で、これに対応する柱は薬物療法と精神療法で、もう一つの柱が環境調整(ケースマネージメント)だ。薬物治療はその人の不眠や幻聴などの症状を和らげる役割を果たす。だが、苦痛の元に働きかけるには、環境の調整が重要だ。

「赤ちゃんは自分で服を着られませんが、障害とは言いません。母という、代わりにしてくれる人がいるからです」

と稲垣さんは、苦しみにならなければ同じ状況でも障害ではないことを説明する。つまり、精神障害者と健常者は明確に線引きできるわけではない。人間の精神活動のある部分が突出した時にメンタルヘルスのバランスを崩し、周囲との齟齬をきたす。

前出の大津市の精神保健担当の保健師である池田守紀栄さんは「未遂者支援に関わるまで、自殺をメンタルヘルスケアの問題として考えたことがありませんでした」と言った。

現場が自死に向き合うことで、自死への理解と支援ノウハウを深める途上にあるのだ。

急激に少子高齢化が進み、社会システムが変わり、家族関係、人間関係が変容する。格差が広がる。家族を福祉の単位にするシステムが完成した、七〇年代半ばに生涯結婚しない男性は二％程度だった。だが、現在はこれが約二〇％。家族単位のルールではもたない。社会のルールが変わる時、人が大きくメンタルのバランスを崩す可能性は高まる。今現在の時代のシステムに即したメンタルヘルスのケアが必要であり、それは自死予防の大切な部分だ。

地域が命を考えるために

愛知県西尾市で内科の診療所を開業する宮崎仁さんは自死を考えている人たちの思いを的確に見つけるチェックリストを全国の医師たちと研修を重ねて開発した。「背景問診・ＭＡＰＳＯ問診チェックリスト」という。このリストで、日常の診療の中で、「血圧を測るように」患者の心理コンディションを評価し、患者の鬱を診断、重篤な希死念慮を抱える人を見つけている。

「最近も、喉が痛いと受診した二〇代の女性が、ぽろっと眠れないともらした言葉から、このチェックリストを使いました。すると重い希死念慮を持っていました。それで精神科医につなげました」

宮崎さんは一五年前に大学病院の勤務医を辞め、名鉄西尾線吉良吉田駅近くにある内科医院を継いだ。お茶の産地でもある人口一六万人の町だ。

「町医者になって驚いたのは同じ人が、毎日、風邪薬を貰いに来たり、点滴に来たりすることでした。胃が痛い、めまいがするというので検査をしても原因が見つからない。医学的に説明がつかない身体の症状を持つ人が、外来患者全体の三〇%くらいを占めている。風邪の次に多い。次第にその背後に鬱や不安などの精神科的な問題が隠れていることがわかってきました」

一〇年前、アメリカ内科医学会に出席した神奈川県鎌倉市の内科医である井出広幸さんから、PIPC（Psychiatry in Primary Care）という、内科医でも精神科的な評価ができるようになる教育プログラムが開発されたと教えられた。興味を持ち、ネットでプライマリ・ケア（患者の一番身近な医師として何でも相談に乗る総合医療）に関心を持つ国内の医師に呼びかけ、医院内に作ったセミナールームで「PIPCセミナー」と名付けた研修会を開いた。ちょうど医院を建て直したところだった。第一回目、全国から一五人の医師が集まった。その後もセミナーを続け、現在は、メーリングリストの登録医師は一九〇〇人に上る。内科医が独善に陥らないように、前出の松本俊彦さんをはじめ、気鋭の精神科医をスーパーバイザーとして招いて専門的な指導を受けてきた。「依存症について、研修を受けましたが、リストカットをする人に、「切ってはいけない」と言ってはいけないのだとは知りませんでした。びっくりしました」

リストカットは中高生の一割が経験しているという調査結果がある。校医などを務めることもある町医者であれば、時には助言や対応をしなければならない。だが、宮崎さんは依存症に関するメンタルヘルスについて精神科医からの教育・指導を受けるまで詳しい知識はなかったと語った。もっとも宮崎さんに限らず、そうした教育や研修を受けていない開業医は多い。ちなみに自傷行為には、恐怖や緊張、絶望などの心の痛みを和らげる効果がある。長期化すると体の痛みに鈍感になり「獲得された自殺潜在能力」が高まり、自死につながる可能性が高くなる。

宮崎さんは、こうした研修会を重ねつつ、精神科を専門としない医師が精神科的問題を評価する「背景問診・MAPSO問診チェックリスト」を完成させた。項目は「夜はぐっすりねむれていますか?」という日常的な問いから「体重減少はあるか」「集中力は低下しているか」「苛立ちはあるか」など、重い内容に進み、最後には「死んでしまったら楽だろうなーとおもったりしますか?」「死ぬ方法について考えますか」「実際に死のうとしていますか?」といった希死念慮を尋ねる問いにつながる。患者が「いいえ」と答えたところで、質問は終わる。

「質問は省略しないで全部の質問を順番に「淡々と」聞くのが基本です。重々しく聞いてはいけない。自分から死にたいと告げてくれる患者さんは、ほとんどいませんが、こちらから聞けばちゃんと答えてくれます」

この場合、医師が直接患者に向き合って聞くことが重要だ。患者自身が、人として扱われているという感覚を持つことが大事なのだ。

「「死ぬことを考えている」と答える方が多くて驚きました。ただ、具体的な方法まで考えている人は多くはない。希死念慮が強く、専門医に紹介しなければいけないケースは年間数名です」

精神科医に送る時には言葉を選ぶ。

「信頼できる良い精神科医がいるので、一度意見を聞いて来てもらえませんか」と提案します。そして、自分の再診予約も取る。身体の病気はこれからも自分が診るという意思表示です。患者さんに「かかりつけ医に見捨てられた」という不安を抱かせない配慮が大切です」

チェックリストによる評価は自分が診るか専門家に任せるかを判断する根拠になる。精神科に紹介しても、予約日が先の場合は、その日まで自分で診る。

自身の治療では、薬を処方し、職場の問題が大きければ患者の務め先の上司や産業医に連絡を取る。仕事を休ませるように診断書を書く場合もある。家族問題はじっくり話を聞いてアドバイスをする。経済問題など公的支援が必要だと感じれば、市の具体的な職員の名前を告げて、相談を促す。これまでも何人も患者をつなぎ、その職員の技量も知っている。つまり、ソーシャルワークを行うのだ。

西尾市は、二〇一〇年から、地域自殺対策緊急強化基金を受け、医師会を通じて、宮崎さんに鬱や自死に気持ちが傾いた人への対応についての研修(ゲートキーパー研修)の講師を依頼してきた。これまでの五年間で、合計六一回の研修会を行い、一九四一人の市民が受講している。

「民生委員、学校の先生、保育士、福祉介護職など。市の職員は給食調理員や清掃局の職員も、全員ですね。特に、介護ヘルパーへの研修は大切です。訪ねて行ったらおばあちゃんが縊死しようとしていた、なんてこともありますから」

研修を受けた保育園の園長から、「連絡帳に死にたいと書いているお母さんがいます」と宮崎さんに相談があった。

「そのお母さんにすぐに来てもらってチェックリストを使ったら、希死念慮の高いレベルでした。直ちに精神科医へ紹介しました」

西尾市の福祉や教育に携わる人たちには、安心感があるのではないか。困った時に頼る先がある。自分の役割がわかれば、子育てに苦しむ母親にもう一言深く声をかけられるだろう。

「死」一択から自由を回復する

さまざまな立場で発せられる自死予防の声が、一つの像を結ばないことは大きな課題だ。長い間、自死について語ること自体タブーだった。自死とはどのような死か、社会的なコンセンサスが取れているとは言い難い。しかも、自死の手前に介入ポイントがたくさんある。

そんな中、二〇一六年一二月五日、六日の両日に、川崎市内のホテルで「連携支援の手引き作成のための合宿セミナー」が開かれた。一般社団法人日本うつ病センター®（JDC Jaspan Depression Center）が自死予防の支援者向けの手引書を作るために開催した。医師、研究者、行政関係者、民間団体の代表、宗教家、司法書士、弁護士、自死遺族などさまざまな立場の総勢二六人が、発表者として、あるいは助言者・サポーターとして集まった。招集の文章には「自殺ハイリスク者を含めたさまざまな困難を抱え援助を必要としている人々に対して、援助者が自らの専門外の分野も含めて適切かつ包括的な援助の提供が出来るよう、情報のプラットフォーム」を作るとある。関係者がつながり、連携して支援するため、一定のコンセンサスを作り出そうとする場だ。

司会は、かつて長崎県で子ども・女性・障害者支援センター長を務め、現在は国立精神・神経医療研究センター精神保健研究所に勤務する大塚俊弘さん。自身も児童虐待とＤＶ（ドメスティックバイオレンス）支援の現場の仕組みや課題を語った。青森県立保健大学の大山博史さんは、自殺が起きる仕組みと支援の流れを図解。多重債務問題については、日本司法書士会連合会の草野哲也さんが説明した。北九州市でホームレスの支援を行うＮＰＯ法人「抱樸《ほうぼく》」理事長の奥田知志さんは、二〇一六年七月二六日に神奈川県相模原市の津久井やまゆり園で起きた事件を引きながら、生産性で人が分断される社会を批判した。

合宿二日目、約三五〇〇人の住民が暮らす秋田県藤里町の僧侶で、「心といのちを考える会」を主宰する袴田俊英さんが活動を説明した。秋田県は二〇一五年の自死率が全国一位。その中でも藤里町は自死率が高い。一六年前から保健師らが声をあげ、町と町民が先駆的に自死対策を進めてきた。袴田さんは二〇〇三年から、週に一度、孤立を防ぐことを目的にコーヒーサロンを開いている。活動は「手探り」だったと語った。自死者数は一五年前の活動開始時と変わらず、年間約三人が亡くなる。秋田大学の佐々木久長准教授が住民意識調査を行ってきたが、自死予防について「話題として避ける雰囲気は減少したが、自分自身は変化なし」とする町民が多いという。

袴田さんは活動を「成功例ではない」とした。「町民たちに情報として三世代同居の家庭で高齢者の自殺が起きていると伝えている。だが、それを聞くと家族関係を良くしようと無理をする。結局、三世代同居家庭の高齢女性が自殺した。家族仲良くというよりも、アジール（統治が及ばない聖域の意、転じて社会から排除された人が過ごす隠れ家）が必要なのではないか」と説明した。実際、寺には日中、家族を離れて過ごす女性たちがいるという。

宗教は、そこにある命に即して語る力をもつ。そこが道徳と最も異なる点だ。

行政からの参加者が「寺に集まる女性たちに、宗教者として話をするのか」と質問。袴田さんは「生きることそのものが私たちの目的だと話す」と答えた。青森県立保健大学の大山さんは「この活動はリスクの高い人を見守れる場を提供している。個別的予防介入としての機能が高い」と感想を述べる。司会の大塚さんは「アジールが大事だという考え方は手引きの中に是非入れたい」とまとめた。

一方、全国自死遺族連絡会代表の田中幸子さんはセミナーの終盤、「自死は困窮者だけではないのです。ごく普通の人でも自死をする。支援者目線が苦しかった」と支援される側の逃げ場のない思いを口にした。

率直に言ってこのセミナーを体験しても自死や自死支援が明確にわかったとは言い難かった。それでもこの合宿の中で、一つ胸に落ちたつぶやきがあった。それは「自殺予防とは、その人の自由を回復することなんですね」という言葉だ。死の淵にまで追い詰められる前に、自由を回復すること。それは自死予防の本質だ。

そう語ったのは今回のセミナーの企画にあたった一人、竹島正さんだ。二〇一四年までの約八年半、自殺予防総合対策センター（旧センター）のセンター長を務め、現在は、川崎市健康福祉局障害保健福祉部の担当部長だ。セミナーで自身は、川崎市で二〇一六年の四月から始まった新しい地域包括ケアの仕組みづくりを紹介した。

日を改めて竹島さんに取材した。

「自殺は関連するポイントが多く、複雑で、立脚点によって何でも言えます。それでも立場の違う人たちが同じ場所で発言し、意見の相違があっても、論点は提供出来ます」

最低限、語り合える場（プラットフォーム）を上からの意思で作るのではなく、下から生み出す試みか。

「地域で経験的に積み上げられたものを基準に、具体的な支援策を構成していくことは大事です。地域をもっと信頼し、尊重してほしい。地域は人間で出来ているのですから。皆がオールマイティに出来るはずがありません。対話し、交渉しながら変えていく、そのプロセスが大事です。そこに手法が生まれていく。いろいろな困難はこの世界を信じることで解決します」

行政職の竹島さんの言葉が、なんだか宗教家のようだった。

> このセミナーの結果は、『ワンストップ支援における留意点――複雑・困難な背景を有する人々を支援するための手引き』としてまとまった。一般社団法人日本うつ病センター®（ＪＤＣ）のＨＰで見ることができる。 https：//www.jcptd.jp/jdc_guidance_20170327.pdf#search＝%27

あとがき——オーストラリア国際シンポジウムを振り返って

国際社会で、自死はどのように考えられているのだろうか。

アメリカの自殺学の父、エドウィン・シュナイドマンが、ロサンゼルス自殺予防センターを共同設立したのは一九五八年。国際自殺予防学会が設立されたのは一九六〇年。シュナイドマンが、予防を意味するプリベンションに対応して、ポストベンションという言葉を作り、自死遺族支援の必要を問いかけたのが一九七一年。自死研究の歴史は決して深いとは言えない。

国連と世界保健機関（ＷＨＯ）が自殺予防のガイドラインをまとめたのは一九九三年だ。二〇一四年、ＷＨＯは自殺レポート Preventing Suicide: a global imperative（『自殺を予防する　世界の優先課題』独立行政法人国立精神・神経医療研究センター精神保健研究所自殺予防総合対策センター訳）を出した。

自死予防がグローバルレベルで呼びかけられたのはつい最近のことだ。このＷＨＯのレポートによると、現在、全世界で年間八〇万人余が自死で亡くなっている。

レポートで、前事務局長マーガレット・チャン氏は次のように述べている。

「自殺は主要な公衆衛生上の問題でありながら優先的に取り上げられることはほとんどありません。自殺とその予防についての研究や知識が増えているのにもかかわらず、自殺にまつわるタブーとスティグマは根強く、人々は援助を求めることなく、しばしば取り残されています（中略）。

しかし自殺は予防できます。（中略）適時かつ効果的な科学的根拠に基づいた介入、治療と支援により、自殺と自殺企図は予防できるのです」

歴史的に、世界的に、自死はタブーやスティグマにまみれてきた。タブーや差別意識が強いと知識は有効に機能しない。国外でも、未だに多くの人たちが、死にたいという思いを口にできず、助けを求めることができず、亡くなっていく。その傍らにいる自死遺族は、タブーとスティグマの標的になる。当事者自身が、タブーとスティグマを抱える場合もある。遺族は一般人に比べ、七〜八倍の自死の危険を持つ。

二〇一七年三月二三日から二五日までオーストラリアのシドニーにある、ニューサウスウエルズ大学内で「第五回ポストベンション・オーストラリア・カンファレンス」が開催された。世界的に珍しい、自死遺族支援をテーマにしたカンファレンスだ。NPO団体の全国自死遺族協会(National Association for The Bereaved by Suicide)が二年に一度開き、一〇年目になる。

カンファレンスへの参加者は約一八〇人。そのうちの約一六〇人が自死遺族で、残りが研究者や支援者たち。遺族でかつ研究者・支援者という人も少なくない。オーストラリア全土と、ニュージーランド、アメリカ合衆国、香港から集まった。日本からも初めての参加があった。全国自死遺族連絡会代表の田中幸子さん、静岡県、富山県、東京都などで自死遺族の自助グループを運営している鈴木愛子さん、長野県などで自死遺族の自助グループを運営する前島常郎さんら。筆者も同行した。

オーストラリアは、国を挙げての自死予防を一九九二年に始めている。世界的にも最も早い国の一つだ。その三年後に自死遺族支援を主体にした全国自死遺族協会の元になる団体が立ち上がっている。遺族から、心理学者や医師が主導する支援では、自分たちの思いに届かないという声が上がったからだそうだ。遺族の思いが、支援者の意向と合わないという言葉は日本の遺族からは聞いていたが、今回、オーストラリア人参加者からも、アメリカ人参加者からも聞いた。

プログラムは、自助グループのワークショップやポストベンションの世界的な潮流の紹介、アボリジニコミュニティの自死遺族支援、自死遺族となった生徒たちへの学校での支援、心理学的な支援技術など、専門的な研究や実践が発表された。

日本からの参加者が強く心を動かされたのは、発表には必ず自死遺族が思いを語る時間がセットになっていたことだ。各発表の前に遺族が壇上に立ち、一五分から二〇分、自分自身の体験を語る。家族の自死の体験を語った人たちは二〇人はいただろうか。

「二〇年前には、自死をした家族のことは早く忘れなさいと言われるばかりだった。今はじっくり聞いてもらえる」と語る人がいた。

夫を亡くしたという四〇代の女性は「最大の友人を失った。同時に、誰かの妻だというアイデンティティも失った。それがつらかった」と語った。

キャンベラからきた人は、「自分は夫を亡くしたが、ほかの遺族と話し合うことで、一緒に強くなっていくことができた」と言う。

中には、まだ時間が経っておらず、壇上で言葉につまり、立ち尽くす人もいた。すると、主催者側の臨床心理の技術を持つスタッフが、すっと寄り添い、支えた。会場には、遺族が体を休める部屋が用意され、求められれば話を聞けるスタッフも配置されていた。日本から参加した前島さんは、「主催者側が自死遺族を信頼していると感じた」と感想を述べた。

田中幸子さんも登壇し、「グリーフ・イズ・ラブ」というテーマで二〇〇五年に亡くなった息子のことや全国自死遺族連絡会の活動について講演した。田中さんによれば、壇上からはうなずきながら耳を傾ける大勢の人たちの姿が見え、励まされたという。自死遺族の痛みや苦しみが、国によって大きく異なるわけではないことを知る。

最終日の午後、ポストベンション・オーストラリアと国の自死研究・予防機関である Australian Institute for suicide Recearch and Prevention が共同で制作した自死遺族支援ガイドラインが配布され、カンファレンスの成果が確認された。さらに講師たちが壇上に並び、フロアと今後残る課題について意見交換が行われた。遺族の言葉や思いと、最先端の研究、状況説明、支援技術のワークショップが対立しないということは、遺族が理解され、その状況に研究や支援が対応できているということを意味する。それは画期的なことだ。

後日、全国自死遺族協会代表のアラン・スタインズ氏にインタビューをした。「カンファレンスは自死遺族が声を出し、その声を集め、まとめることが目的です。それが遺族のグリーフケアなのです」と語った。自死遺族の思いそのものから、支援を作り上げてきた。一方、参加した遺族たちは最新の情報を手にできる。

カンファレンスの最後に、さらに会場が作り変えられた。正面に大きなスクリーンが下ろされ、自死で亡くなった人々の笑顔や子どもを抱いた姿など、その日常の姿が映し出される。ピアスをつけた暗い顔の若者もいた。どのように生きたか短い説明文がある。その下に一本の木が据えられ、テーブルに太い四本のロウソクが置かれた。弦楽三重奏が演奏された。

司会者のリードでセレモニーが始まる。遺族を慰める言葉。遺族が家族の死を悼む言葉。アボリジニの青年が節をつけて短く自分たちの言葉で朗誦した後、英語でメッセージを述べた。祈りを込めた詩が読み上げられる。参加者一人一人が用意された蝶や鳩の形をした色紙に自死した家族や知人へのメッセージを書き、前に出て木に結ぶ。最後に代表のスタインズ氏は「愛、悲しみ、思い出、勇気」と言葉にしつつ四本のロウソクに火を灯《とも》した。目の前で老夫婦がそっと頭を寄せ合った。

プログラムによれば、このセレモニーは、このカンファレンスのハート（核心部）だそうだ。

後日、スタインズ氏に話を聞いたとき、「セレモニーでは逝った人たちを「セレブレイトする（祝う）」のです」という説明があった。筆者が怪訝な顔をしたのかもしれない。改めて「死を祝うのではありません。彼らが生きた命を祝うのです」と語った。

苦しみつつ精一杯生きた命一つ一つを共に悼むこと。それが自死遺族を支え、さらに困難な人たちと共に生きることにつながるのだと気付かされた。

カンファレンスの翌日、希望者に有料でアメリカから来た、ポール・クイネット氏の自死予防のためのワークショップがあった。クイネット氏はワシントン州ワシントン大学医学部精神医学と行動科学の准教授で、仲間の臨床心理の専門家や医師らと共に、一九九九年にＱＰＲインスティチュートを設立した。

QPRについてクイネット氏はこう説明した。「心臓発作で心臓の動きが止まった時に、一般の人でもAEDを使って命を救うことができます。それはCPRと呼ばれますが、同じようにQPRは、専門家ではない人が、自死を考えている人に出会った時、どう対応すればいいかを具体的にレクチャーしています。QPRは(Question＝尋ねる　Persuade＝説得する　Refer＝紹介する)を意味します」

つまり、ゲートキーパーのスキル向上のための講座だ。繰り返し強調していたのは「あなたは死にたいのか」と相手に気持ちを直接尋ねていいという点だった。「死にたいなんて思っていないよね」という、否定するような言葉はいけない。この考え方はもちろん、近年研究が進んでいる自死予防の理論に適合している。さらに、ネット社会の中のコミュニティで死にたいと言われた時、とっさにどう答えたらいいかといった、具体的なトレーニングが続く。

カンファレンスとQPR講座の両方に参加していたヴァネッサさんは、二〇年以上前に兄を自死で亡くし、何度目かの受講だそうだ。オーストラリアの北西部地域の民間団体で若者の自死予防に取り組んでいる。

「ここで繰り返し考え方や支援を学び、学校で子どもたちに伝えることができます。子どもたちはそれを友達や親に伝える。それは親の自死を防ぐかもしれない。情報が波紋のように広がっていきます」

世界につながること。それは地域の偏りを相対化し、普遍に触れることなのだと知らされた。

もし誰かに，どこかに相談したいと思ったら．

こころの健康相談統一ダイヤル
0570-064-556(ナビダイヤルによる接続)

全国の精神保健福祉センター一覧
http://www.mhlw.go.jp/kokoro/support/mhcenter.html

厚生労働省支援情報検索サイト
http://shienjoho.go.jp

いのち支える相談窓口一覧(自殺総合対策推進センター)
http://jssc.ncnp.go.jp/soudan.php

一般社団法人全国自死遺族連絡会
981-0902
宮城県仙台市青葉区北根1丁目13-1
パークタワー台原1803号室
Tel/Fax 022-717-5066
携帯　090-5835-0017
http://www.zenziren.com

一般社団法人日本いのちの電話連盟
ナビダイヤル　0570-783-556(午前10時から午後10時まで)
フリーダイヤル 0120-783-556(毎月10日　午前8時から翌日午前8時まで)

特定非営利活動法人国際ビフレンダーズ　東京自殺防止センター
Tel 03-5286-9090 (年中無休　夜8時から翌朝6時まで　ただし毎週火曜日は夕方5時から翌朝6時まで)

いのちと暮らしの相談ナビ　NPO法人自殺対策支援センターライフリンク
http://www.lifelink-db.org

杉山 春

1958年東京都生まれ．早稲田大学第一文学部卒業．雑誌編集者を経て，ルポライター．
著書に，『満州女塾』(新潮社)，『ネグレクト　育児放棄——真奈ちゃんはなぜ死んだか』(小学館，第11回小学館ノンフィクション大賞)，『ルポ 虐待』(ちくま新書)など多数．

自死は，向き合える
—遺族を支える，社会で防ぐ

岩波ブックレット 970

2017年8月4日　第1刷発行

著 者　杉《すぎ》山《やま》 春《はる》

発行者　岡本 厚

発行所　株式会社 岩波書店
〒101-8002 東京都千代田区一ツ橋 2-5-5
電話案内 03-5210-4000　営業部 03-5210-4111
ブックレット編集部 03-5210-4069
http://www.iwanami.co.jp/hensyu/booklet/

印刷・製本　法令印刷　装丁　副田高行　表紙イラスト　藤原ヒロコ

ISBN 978-4-00-270970-3　Printed in Japan